U0912099

THE MASTERY

精通式学习法

基于提高学生能力的学习方法

[美] 乔纳森·伯格曼（Jonathan Bergmann）著

LEARNING HANDBOOK

中国青年出版社

图书在版编目(CIP)数据

精通式学习法：基于提高学生能力的学习方法/（美）乔纳森·伯格曼著；段文静译.
—北京：中国青年出版社，2024.1
书名原文：The Mastery Learning Handbook: A Competency-Based Approach to Student Achievement
ISBN 978-7-5153-7060-6

Ⅰ.①精… Ⅱ.①乔… ②段… Ⅲ.①学习方法-研究 Ⅳ.①G442

中国国家版本馆CIP数据核字（2023）第196313号

Translated and published by China Youth Press with permission from ASCD.
This translated work is based on The Mastery Learning Handbook: A Competency-Based Approach to Student Achievement by Jonathan Bergmann.©2023 ASCD.
All Rights Reserved.
ASCD is not affiliated with China Youth Press or responsible for the quality of this translated work.
Simplified Chinese translation copyright © 2023 by China Youth Press.
All rights reserved.

精通式学习法：基于提高学生能力的学习方法

作　　者：［美］乔纳森·伯格曼
译　　者：段文静
责任编辑：肖妩嫔
文字编辑：黄　婧
美术编辑：杜雨萃
出　　版：中国青年出版社
发　　行：北京中青文文化传媒有限公司
电　　话：010-65511272 / 65516873
公司网址：www.cyb.com.cn
购书网址：zqwts.tmall.com
印　　刷：大厂回族自治县益利印刷有限公司
版　　次：2024年1月第1版
印　　次：2024年1月第1次印刷
开　　本：787mm × 1092mm　　1/16
字　　数：84千字
印　　张：10
京权图字：01-2022-6606
书　　号：ISBN 978-7-5153-7060-6
定　　价：49.90元

中青版图书，版权所有，盗版必究

版权声明

未经出版人事先书面许可，对本出版物的任何部分不得以任何方式或途径复制或传播，包括但不限于复印、录制、录音，或通过任何数据库、在线信息、数字化产品或可检索的系统。

CONTENTS

目录

赞誉之辞

“这是一本非常实用的指南，让我彻底反思我的课程应该如何以能力为基础来促进学生的学习。减少带回家的评分工作那一部分鞭辟入理。引导学生积极深入学习的教育工作者都应该阅读这本书。”

——梅格·奥米斯顿，作家、教师兼教育顾问

“对于探索精通式学习的教师或启动精通式学习试点的学校来说，伯格曼的书是了解精通式学习课堂真实面貌的宝贵指南。这里有你需要的一切，从教案和课堂安排到评分量规和成绩手册。伯格曼提供了自己的具体实例，以及其他教师深入研究基于能力教学法的更多见解。”

——贾斯汀·里奇，麻省理工学院教学系统实验室主任

“这本书就像在你规划精通式学习时有一位导师在你身边。当你专注于教学中的最大挑战时，它会督促、支持和指导你，确保每个学生在继续学习之前都掌握了内容。对于教师来说，这是不可多得的宝贵资源。”

——珍妮·肖克洛夫特，澳大利亚马登开源学院副校长

“乔纳森·伯格曼为教育工作者和学校领导提供了在学校有效实施精通式学习的权威指南。这本书不仅在理论上为精通式学习奠定了基础，还列出了详细的策略和行之有效的实践做法，教师可以随时在课堂上实施。如果你的目标是了解精通式和基于能力的教学如何从根本上改变你的课堂实

践，那么就从这里开始吧！”

——汤姆·德里斯科尔，EdTechTeacher 首席执行官

“《精通式学习指南》是一本精心筹划、扎根研究、全面实用、颇有启发的指南，它经真实世界的经验之火淬炼而出。它不仅适合新接触精通式和翻转学习的教育工作者，而且适合经验丰富的精通式学习实践者，帮助他们整合最新研究，获得解决问题的实用工具，并从世界各地教师的故事和技巧中得到启示。”

——约瑟夫·里奥，伊利诺伊州欣斯代尔中央高中
教学创新指导和物理教师

“这是一本很有见地的指南，不仅帮助教师理解采用精通式学习的原因，而且提供切实有用的日常学习方法。乔纳森·伯格曼的研究、访谈、第一手经验与他的谦逊结合在一起，使《精通式学习指南》全面、实用、可读性强。”

——帕特里夏·C.罗素，美国私立高中联盟首席学习官

“乔纳森·伯格曼指出了教师在实施精通式学习时可能面临的挑战，并解释了他和其他人是如何成功地克服这些挑战的。他说，‘这本书会督促你’。他还提供了证据，说明为什么这种督促是必要的，并会促进学生更积极的学习投入，更深入的理解以及更优异的学业成绩。这本书是每一位具有前瞻性思维、关注未来的教师和学校管理者的必读之作。”

——查尔斯·库里，纽约州埃文港
阿尔斯特合作教育服务委员会总监兼首席执行官

“如果你想触动你的学生，如果你想成为一名成功的教师，那就阅读这本书吧，从中学习，遵循它的精通式学习周期，你不会后悔的。乔纳森·伯格曼从世界各地富有创造力和成功的教师那里收集经验，以一种简单易懂的形式为你展示了精通式学习的过程。我对所有教育工作者的建议是：试试看，你不会后悔的。”

——哈尔玛·阿纳森，冰岛雷克雅内斯贝尔凯利尔学院执行董事

“教育工作者如何将精通式学习的各个组件整合在一起，真正触及每个学习者？乔纳森·伯格曼的指南详细地解释了精通式学习要采取的教育改革步骤，并列举了许多实例。是时候让所有学习者都能公平地学习了！”

——莫琳·奥肖内西，作家、教育播客主持人、
LEADPrep微型学校创始人

“这本书给出了实施精通式学习的正确方法。作者乔纳森·伯格曼从本杰明·布鲁姆的研究出发，展示了现代技术如何带来布鲁姆梦寐以求的可能性。精通式学习的各个组成部分支持学生自主学习、协作学习、元认知学习和更深层次的学习模式，例如问题导向学习（PBL）和情境式学习。这是教育工作者个人或专业学习社区需要拥有的绝佳手册。”

——迈克尔·戈尔曼，教育顾问、21世纪教育技术与学习博客创始人

“长期以来，精通式学习一直是教育巨擘们未圆之梦，他们认为这是提高每个学生成绩的更好方法。现在《精通式学习指南》让你在课堂上可以实现这个梦想。”

——约翰·贝克，D2L创始人兼首席执行官

“对于在后新冠时代下工作的教师而言,《精通式学习指南》是一部有效的必读之作——在这个时代，我们必须重新思考我们的教学方式、我们使用的策略，以及我们是否考虑到了学生日益多样化的需求。乔纳森·伯格曼以他对精通式学习方法的热情和他对教学的热爱提供了指导和启发。”

——米格尔·赛多夫，阿根廷米西奥内斯省教育、科学和技术部长

Introduction

引言：我的精通式学习之旅

想象一下，几乎每周都有新学生来到你的课堂，其中许多人已经几个月没有上学。他们的技能、背景、父母支持程度各不相同。有些人已经了解你的教学内容，有些人还有很大的知识差距，也有人背负着来自父母的压力、自己的压力以及难以言表的痛苦。

你可能会说，等一下，我不需要想象，这就是我的真实情况。这可能是在新冠疫情期间恢复面授教学的教师面对的现实。这么多学生在这么多不同的地方学习，创造了一个几乎难以维持的教学环境。

科里·沙利文和蒂姆·凯利当然也不需要想象这种场景。他们在德国的一所美国国防部学校任教，该校定期接收新学生——其中许多人已经四到六周都没有上学，这是军事调度过程需要的时间。科里和蒂姆教数学，这是一门建立在以前知识基础上的学科，在这种情况下，他们的教学面临很大的挑战。

但是，科里和蒂姆的学生丝毫不会掉队。尽管他们进入课堂的时候对内容的理解处于不同的阶段，但他们很快就达到了要求的学业能力。原因很简单：科里和蒂姆使用精通式学习（mastery learning[①]）进行教学。这意味着他们认识到，他们的任务是让学生从现在的水平进步到更高一级水平。

① Mastery learning 是指在学习新内容之前，确保所有的或几乎所有的学生对某一确定的知识、技能的学习都达到预定的掌握水平。国内对于mastery learning的译法并不统一，常见的译法有掌握学习（法）、精熟学习、精通式学习等。本书译文采用精通式学习，但在具体上下文的翻译中，也会略有变通。

有新学生转来时，他们不会烦恼，因为他们设计的教学让学生以自己的进度掌握知识和技能。结果不言而喻，科里和蒂姆的学生在地区标准化测试中的得分远远高于同龄人。

我的精通式学习之旅

我自己的精通式学习经历始于我初次涉足翻转学习领域。当时我是化学教师，和亚伦·萨姆斯一起站在翻转学习运动的最前沿。亚伦和我在我们的《翻转课堂与慕课教学》一书中讲述了我们的故事。为了解决学生缺课难补的问题，我们录制了我们在课堂上的展示。我们很快就意识到，面对面上课的最佳方式不是站在学生面前给他们讲课，而是让学生积极参与学习。当我们“翻转”我们的课堂时——也就是说，让学生在家观看录制的讲座，而在课堂上解决实时问题——我们看到学生成绩全面提高了一个标准差。

在我进行翻转课堂的第二年，学期结束时有一个学生转学来上我的化学课。她以前没有学习化学的经验。当辅导员问我吉塞拉能否加入这个班时，我的第一反应是说不行，因为她会远远落在后面。她缺乏第一学期的所有重要化学知识和学习，而这些知识是第二学期将要学习的内容的基础。

但是我已经把所有的课程都录了下来，而且我有所有需要的活动。为什么吉塞拉不能加入这个班，从头开始呢？她就这样开始了。我给她安排了个人学习计划。当其他学生在学习第二学期的材料时，吉塞拉在学习第一学期的材料。我看着她的学习进度，她学得这么快，学了这么多，令我惊讶不已。事实上，在第二学期，她完成了一整年化学课程的80%。然后，我意识到所有的学生都应该享有与吉塞拉同等的学习自由和机会。

这导致了我整个教学观念的转变。我过去常常遵循一个严格的时间表，让我的所有学生在同一时间学习同一页面上的内容，但现在我对学生学习他们需要学习的任何东西都欣然接受，因为我知道他们学习的速度并不相同。我开始阅读关于精通式学习的研究，并深入挖掘我们对学习的总体了解。我不再说“我教了，他们没学会”。现在我说，“如果他们没学会，那是我的责任”。

在我使用精通式学习两年后，我踏上了另一条路。我在翻转学习运动中所做的早期工作，加上《翻转课堂》的成功，使我开始做地区技术推进工作，最终成为一名教育顾问。我有幸在世界各地的学校分享翻转学习的力量。我参观了阿联酋、西班牙、中国、韩国、澳大利亚、新西兰、冰岛、挪威、瑞典、巴西、土耳其、约旦、阿根廷、墨西哥、英国，以及美国各地的学校。

但是，有件事困扰着我。就在我从教育者那里听到无数关于翻转学习的积极影响的故事时，我发现自己对课堂、对学生的感觉越来越陌生。我开始意识到，我的人生愿景是接触到每一个学生——不仅仅是作为一名演讲者、一个作家或一名研讨会学科带头人，而是作为一名教师。为此，我接受了得克萨斯州休斯顿市休斯顿克里斯蒂安高中的一个职位。迄今这是我回到学校用精通式学习教授科学课的第三年。

在准备写这本书的过程中，我与几十位教师和研究人员进行了交谈。他们正在各种各样的课堂和学科中实施与研究精通式学习，他们是真正的专家。多年来，他们学习并改进了翻转—精通式模型。这本书将他们的想法进行了有益的综述，而且最重要的是，它向你展示了如何有效地实施这种方法。

How to read a Book

如何阅读本书

在世界各地，已有成千上万的教师成功地实施了精通式学习。我从2009年开始在我的课堂上使用这种方法——我写这本书是为了帮助你在你的课堂上成功地实施精通式学习。关于你的学生能做什么和不能做什么，我想挑战你的想法，同时，提供一个实用的、循序渐进的指南，向你展示如何使用精通式学习进行教学。

本书由16个简短章节组成，分为三个部分：

- **第一部分** 向你展示如何让你自己和你的课堂为转变到精通式学习做好准备。
- **第二部分** 引导你一步步完成精通式学习周期。为了从本书获得最大收益，你应该在阅读第2部分时创建一个精通式学习单元。我建议在你所教的一门课或一门学科中改编一个学习单元。改编这样一个单元需要一到四周的时间。
- **第三部分** 指导你实施精通式学习。它涵盖了精通式学习课堂的实际情况——它在现实中的情形，如何管理评估以及如何处理出现的常见问题。

第一部分

了解精通式学习

第1章

精通式学习如何提高学生学习能力

什么是精通式学习？以下是我给出的定义：

> **精通式学习（名词）**——一种课堂教学方法，使每个层次的每个学生都能自信地进步。教师采用灵活的步调引导学生完成准备、知识展示和反馈的循环过程，直到教师和学生个人达成共识，认为学生已准备好开始下一个周期。

俄亥俄州鲍林格林市奥特希哥高中的生物教师鲍勃·弗隆指出，他有时对使用“精通”一词感到不舒服。他说他真正在做的是让学生达到一定的水平。从技术上来说，他们不是大师，但他们能够展示对某个主题的深刻理解。同样，当我教高中科学课时，我并不是在创造“科学大师”。但是我知道如何让学生更好地理解科学。我知道如何引导他们成为见多识广、充满好奇心的年轻人，并让他们能够分析和评估自己的学习状况。所以，像鲍勃一样，虽然我对“精通”这个词不太满意，但我还是会在本书中使用它。

也许你在想，我所描述的听起来很像你听说过的另一种方法，叫作基于能力的学习（competence-based learning）。奥罗拉研究所（前身为iNACOL[①]）的研究人员确定了该方法的五个关键原则：

① 美国K-12在线学习国际联盟（International Association for K-12 Online Learning），是一个非营利性组织，倡导以学生为中心的教育政策，致力于确保所有学生都能获得世界一流的教育和高品质的在线学习机会。

• 学生在精通（掌握内容）的基础上继续下一步学习。

• 能力包括明确的、可以测评、可以转换、为学生赋能的学习目标。

• 评估对学生来说是积极的、有意义的学习体验。

• 学生根据个人学习需求获得及时、因人而异的支持。

• 学习成果强调能力，包括知识的应用和创造，以及重要技能和情感目标的发展。

这个简洁的清单对描述精通式学习很有帮助。请注意，“精通”一词甚至出现在第一项中。因此，如果你正在寻找一种实用的方法来实施基于能力的学习，本书也符合你的需求。

精通式学习简史

在20世纪初，卡尔顿·沃什伯恩在伊利诺伊州芝加哥的一个富人区长大。他接受了一流的教育，但在课堂上并不努力。大学毕业后，就业机会稀缺，他不情愿地当了教师。他的第一份工作是在加州的拉普恩特任教，这是一个低收入社区。他面对的不是精力充沛、充满好奇的学生，而是无所事事、不爱学习的学生。对他们来说，上学是一场永恒的斗争。

然后，沃什伯恩开始探索如何与学生打交道。他怎样才能帮助学生获得他所接受的令人惊叹的教育呢？在寻找答案的过程中，他回顾了亚里士多德的著作。在亚里士多德式的教育中，学习是因人而异的。教育专注于每个学生的特殊需求，并随时满足他们的需求。

沃什伯恩一生的大部分时间都在试图实现这一目标。从1919年到1943年，作为伊利诺伊州温尼特卡学校的负责人，他开始大规模实施精通式学习，这就是著名的温尼特卡计划。在这一计划中，课程分为两个主要部分：“共同精要”和“创意团体活动”。第一部分包括拼写、阅读、算术和写作。学生的学习路径是个性化的，他们以自己的速度进步，但不能不及格。也就是说，他们必须完全掌握（精通）每一项技能才能进入下一个能力水平。“创意团体活动”包括艺术、文学、音乐、手工艺、体育活动和戏剧。这些没有评分，也没有明确的掌握（精通）目标，鼓励学生去探索他们感兴趣的东西。

温尼特卡计划的一个关键前提是，只要给予足够的时间和支持，所有学生都能学会。20世纪50年代末，美国教育心理学家本杰明·布鲁姆（Benjamin Bloom）也倡导了这种方法。可悲的是，精通式学习从未真正在大多数学校站稳脚跟。对于普通教师来说，开设精通式课程的组织管理工作过于繁重。而目前对于测试的关注使事情变得倍加困难。事实上，根据精通式教学的权威马克·麦考特（Mark McCourt）的说法，除非学校领导层愿意将关注的焦点从选拔性的升学考试上转移，否则精通式学习注定无法大规模展开。

尽管如此，我还是遇到了许多采用翻转—精通式学习的教师。他们已经翻转了课堂并且融入了精通式学习，他们是自己在做这件事。这些教师是我的英雄。他们意识到，与学生沟通是他们的第一要务，精通式学习是有效的。现实是所有学生都能学习，而且他们可以学习复杂的材料。我们只需要创造一个环境，让每个学生都能达到精通。

精通式学习有效吗

要回答这个问题，我们需要看一些研究。1988年，詹姆斯·库列克（James Kulik）和陈林·库列克（Chen-Lin Kulik）的研究组对108项精通式学习的研究进行了元分析。他们发现，精通式学习项目对大学、高中和小学高年级学生的考试成绩有积极影响。他们还发现，这种影响对班上成绩较差的学生的影响似乎更大。最后，他们认为精通式学习项目增强了学生对课程内容的积极态度。他们的一个警告是，精通式学习可能会降低大学课程的完成率。

最近，在2019年，印度尼西亚玛琅州立大学的德迪·库斯万迪研究了社交媒体辅助的翻转—精通式课程对61名工科学生的影响。在传统的学习环境中，实验组比对照组的分数高20%。库斯万迪发现学生更有动力，上课准备更充分，焦虑感更少，学习更有乐趣。

鲍勃·弗隆，我前面提到的高中生物教师，在他的课堂上使用了精通式学习。他在一所第一条款资助学校①工作，那里的许多学生来自贫困家庭。在我给你看鲍勃的结果之前，让我解释一下。你可能想知道，采用精通式学习，技术条件有限的学生表现如何。虽然在低收入社区中，技术和高速互联网接入条件受限，确实有障碍需要克服，但许多教师已经找到了创造性的变通方法。有些人要求学生在移动设备上做大量的准备工作，还有人在课堂里为准备工作预留额外的时间。我也看到整个学校在资源时段留出时间，让学生通过学校的基础设施和设备访问预习材料。

布鲁姆与两个标准差问题

1984年，布鲁姆在《教育研究者》(*Educational Researcher*)杂志上发表了一篇文章，题为《两个标准差问题：寻找与一对一辅导一样有效的集体课教学方法》("The 2 Sigma Problem: The Search for Methods of Group Instruction as Effective as One-to-One Tutoring")。他引用的研究比较了传统教学法、精通式学习和一对一辅导下学生的成绩。图1.1显示了成绩分布。

① Title I School，美国联邦政府通过《中小学教育法》(*Elementary and Secondary Education Act*)和2015年修订的《每个学生成功法》(*Every Student Succeeds Act, ESSA*)的第一条款对低收入学生比例较大的公立学校进行资助，称为第一条款资助学校。

研究表明，一对一辅导比传统教学法下学生的平均水平提高了两个标准差，而精通式学习比传统教学法下学生的平均水平高出一个标准差。

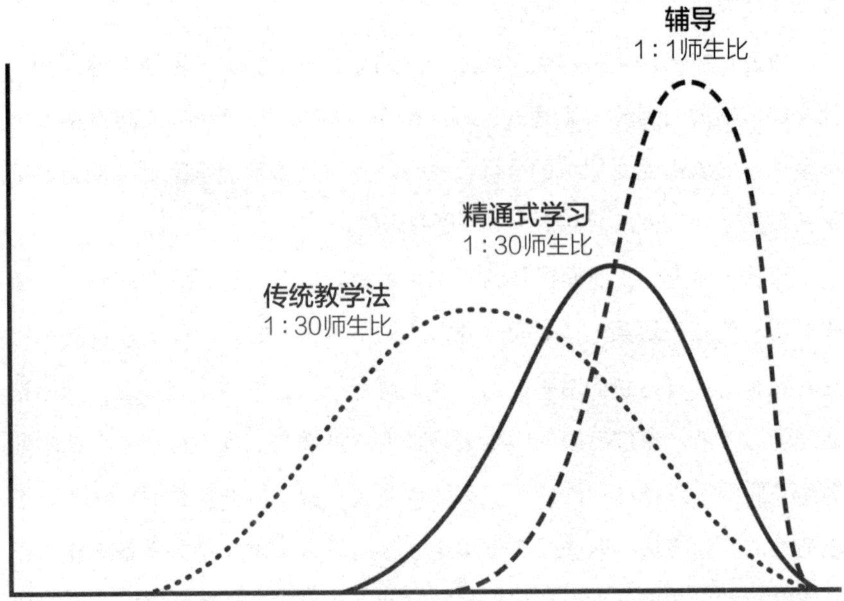

图1.1 本杰明·布鲁姆的两个标准差图

布鲁姆在他的文章中提出的问题是："研究人员和教师能否设计出一些教学条件，使大多数接受群组教学的学生达到目前只有在良好的辅导条件下才能达到的成绩水平？"

我相信翻转—精通式学习可以创造这些条件。如果你走进一个翻转—精通式课堂，你会发现教学环境允许很多个人和小组辅导，精通式学习是其核心。这些课堂不仅帮助学生取得学业成绩，而且使教师能够满足学生更多的社会和情感需求。

如果精通式学习是一种如此强大的学习策略，为什么它没有被更广泛地采用呢？在许多方面，布鲁姆的想法需要一些后续支持。

- **如果学生都在学习不同层次的内容，教师什么时候进行直接授课？**
- **教师如何管理多次评估？也就是说，他们需要准备多少个版本的试卷，以及如何找到时间给试卷评分？**

幸运的是，技术已经克服了这些障碍。现在，教师可以使用指定的视频和阅读材料，来改变直接教学的时间。在线评估现在可以用数以千计的考试版本来评估相同的学习目标。跨越了这些障碍，让我们来看看精通式学习的特点。

精通式学习课堂

坦率地说，理解这种模式的最佳方式是参观翻转—精通式课堂。然而，这里取而代之，让我们从高处俯瞰，你在那里可能会看到什么。你会注意到以下情形：

- **没有全班直接授课**。直接授课仍然存在，但它以翻转的方式进行——学生观看视频或阅读，作为准备工作。
- **灵活的步调**。不是每个学生都学习同一页的内容，学生在适合自己的水平上一步步学完课程。
- **巨大的差异**。我每天和每个班级的每个学生交谈，通过这样做，我能够为每个学生量身定制学习路径。在新冠疫情后的世界，这一点尤为重要，因为学生返校时，他们的经历有巨大的差异。
- **多重师生互动**。我不断地在教室里走动，与学生互动，总是在形成性评价模式下——检查理解情况，提问，并让学生向我提问。
- **学生协作**。虽然每个学生都有自己的学习路径，但他们需要与同学合作学习。
- **多种版本评估**。每次学生进行总结性评估，他们都会拿到一份不同的试卷。The D2L Brightspace 的考试功能让我能够获得相同考试的数千个版本，以不同的问题评估相同的目标。

- **教师即时反馈**。当学生完成总结性评价时，我们一起评分。如果他们成功了，我们一起庆祝。如果他们没有成功，我会利用这一时段作为补习时间，帮助他们准备重新参加评估。
- **关注人际关系**。有了额外的互动时间，教师就有更多的时间与学生发展积极的关系。我们都知道，当教师不仅对学生的学习成绩感兴趣，而且还是他们的教练和啦啦队长时，学生学得最好。相信学生永远是上策。
- **总结性评价**。在我的课堂上，我希望学生在所有的总结性评价中至少获得80%的分数。许多学生参加多次评估直到他们精通为止。
- **社会正义和公平**。研究表明，精通式学习对面临学业失败风险的学生影响最大。在某种程度上，精通式学习是一个公平的问题，因为它帮助了最需要获得支持的学生。

精通式学习显示出从根本上改变我们教育方式的巨大希望，这是一个必要的转变。好消息是任何教师都能做到。

教师角色的转变

接受精通式学习意味着重新思考教师在课堂上的角色。艾丽西娅・施雷伯是新西兰的一名教研组长，她分享了自从她采用精通式教学法以来，她的角色发生变化的五种方式：

- **时间**。采用这种方法，你必须改变你投入教学的时间安排方式。你必须保证每天都和每个学生联系，考察其状态。你再也不能只是站在那里，讲讲课，然后就希望学生获得最好的结果。
- **目的**。问问自己这节课的目的。你希望学生知道并能够做到的最重要的事情是什么？精通式学习的教师清楚每节课中什么内容能体现出精通。

- **情境学习。**你需要将你的内容与学生的生活联系起来。如何将你的课程融入他们的生活？你的学生是否理解所学内容是如何融入整体框架的？

- **主动教学。**你现在可以在教室里四处走动，而不是站在教室前面。你要当场决定应该帮助谁，不应该帮助谁。你将成为教室的导演，而不是主要演员。这样，你会突然体验到那些神奇的时刻，一切各就各位，水到渠成，学生都在深入学习。

- **人际关系。**与学生沟通是首要任务。你要愿意进入他们混乱的生活，因为你有更多的时间和学生在一起，你会更好地了解他们——不仅仅是他们的认知需求，还有他们的情感需求。请做好准备。

我们已经谈到了精通式学习的重要性和教师角色的转变。但为什么现在实施如此重要呢？

什么时候适合开展精通式学习

让我们来看看为什么你应该在这个时候考虑实施精通式学习，这里有四个原因。

你会触动那些学习吃力的学生

鲍勃·弗隆教一个生物课的普通班，班上的学生学习很吃力。他发现精通式学习对这个群体最有效。当他第一次向这些学习吃力的学生介绍这种方法时，他们并不相信教师真的站在他们这一边。这些学生觉得学校是来找他们麻烦的，他们都在等待自己的一切轰然倒塌的时刻，他们被“抓到了”。但几周过去了，他们意识到自己可以信任弗隆先生。他们开始放松下来，真正开始学习。学生发现，精通式学习为他们提供了一个安全网，并帮助他们成为更成功的学习者，他们的成绩明显超过了其他生源类似地区的学生。正如鲍勃所说，“我再也不想回头了，这很管用”。

你会触动那些成绩优异的学生

当我为这本书收集信息时，我不断问精通式学习教师的一个问题是：你如何帮助那些成绩优秀的学生获得更多？我之所以这么问，是因为我看到我那些学习吃力的学生获益很大，但我那些更有能力的学生却没有这么多收获。

好消息是，我采访过的许多教育工作者已经用精通式学习破解了打动成绩优异学生的密码。在第14章中，我们将更深入地探讨一些具体的策略。这里让大家先睹为快。哈桑·威尔逊的学生申报主修主题；鲍勃·弗隆有一个“A选项”；霍莉·斯图尔特使用一个独特的网格系统，根据学生的进步给他们打分。

后新冠时代，在教学上你会更加得心应手

娜塔莉·维克托罗夫是伊利诺伊州弗里波特市的四年级教师，她分享了新冠疫情给她的学生带来的诸多不便。学校每两周给学生发一次学习资料包，帮助他们跟上进度。但她的学校要求很多，一些家长没来领取学习包，一些学生丢了学习包。即使娜塔莉是一名精通式学习的教师，也很难照顾到她的每一个学生。一些学生回到学校时，明显落下了很多课程。

精通式学习的妙处在于，学生不需要同时学习同一页的内容。这一点至关重要，因为根据我们应对疫情的经验，许多学生都严重掉队，教师需要一个能够帮助所有人成功的解决方案。你可以在日常课堂的传统框架中实施精通式学习，不必重新构建学校的课堂框架。你不必改变课表，也不必改变学校的日常运作。你可以一次一节课地实施精通式学习。

你的学生会因此而喜欢你

作为本书研究的一部分，我请我采访的每一位精通式学习的教师给我发来学生反馈的实例。以下是他们的学生对精通式学习体验的评价示例：

- “谢谢你帮助我有了一点成长，走向独立。”
- “今年我真的很喜欢这门课程。自定进度很有趣，我喜欢你使用的系统。”
- “今年之前，我从未真正喜欢过科学，它也从来不是我最喜欢的课程之一。但今年，科学课可能是我最喜欢的课程。”
- “这门课结束了，我真的很难过。我喜欢我们和你的对话。别忘了制造蜡状芽孢杆菌！”
- “精通式—翻转学习助力我的学习，因为我们在课堂上探讨概念之前，它已经为我打下了理解的基础。这种学习方法有助于学习新知识和巩固对已有知识的理解。它还帮助我承担责任，养成独立精神。”

以下是我从自己的学生那里收集到的一些评论：

- “精通式学习大大增强了我的自信，我相信自己有能力学会材料，它也大大消除了我的压力和焦虑。如果没有经过精通式学习，我参加考试一定会有压力和焦虑。我仍然担心考试，但经过精通式学习，我不再有通常会有的考试焦虑。”
- “我知道我会完全理解这些材料，并且不会因为短期内没有学会而受到惩罚。我可以按照自己的节奏学习。”
- “我能够真正享受这些材料，没有在普通课堂那种快节奏的焦虑。”
- “精通式学习对我来说有非常积极的效果。因为我们能够重新参加考试，如果我一次考得不好，这并不是世界末日。我能够真正专注于学习内容，我们能够按照我们自己的速度推进学习。”

这些评论揭示了一些共同的主题：

- 学生喜欢拥有自主权和选择权。
- 学生感到完成任务的压力更小，对精通式课程的焦虑更少。
- 学生认为精通式学习更好地反映了他们的学习状态。
- 学生感觉与教师的联系更加紧密。
- 学生觉得他们能更好地学会内容。

这些都是真实的支持精通式学习的证据。

改变思维模式的挑战

在我们结束本章之前，我想承认一个事实——改变一个人的思维模式是很困难的。

和我一样，你们中的许多人在20世纪学会了如何教学。你学会了如何精心制作最好的演示文稿、给出最好的评价以及制定最好的课堂管理计划。我的教学在很大程度上依赖玛德琳·亨特（Madeline Hunter）的教案设计，包括设置预期、引入新材料、指导性练习、自主练习和结课。我必须完全控制学习过程。我所有的学生都在做同一件事情，我们一直在一起。当学生掉队时，我鼓励他们寻求额外的帮助。但总是有一些学生得不到充分的关注。可悲的是，我有时甚至责怪学生，心想：“我教给他们了，但他们没有学会。”

当我决定在一个年终项目中采访我的学生时，我的思维方式发生了变化。我问了每个学生几个基本问题，令我沮丧的是，他们中很少有人真正理解我所教的内容。当我让一些高分学生阐述我的课程的基本组成部分时，他们也感到困惑。

你可能会像我一样怀疑，你的学生是否也和我的学生一样，只是为了考试而记住一些东西，然后很快就都忘了。

如果你决定一探精通式学习这个兔子洞的究竟，你和你的教学将发生改变。但这首先需要你的思维有一些转变。首先，你必须能够放弃对班级的一些控制。我知道这可不是小事。我曾经是一个控制型教师，一定要确保所有学生都按我的要求做得分毫不差。我也以自己的一丝不苟而骄傲，在我的课堂上分秒必争。但是当我放弃了一些——一些，而不是全部——控制权时，学生的表现令我惊叹不已，惊叹他们怎么能如此自如地掌控自己的学习，惊叹他们开始享受更自主的学习。我所有的指标都大幅上升。学生的考试成绩提高了，更妙的是，当我在年底采访学生时，他们中的大多数人真的对整个知识体系了然于胸。

其次，你必须接受自己不是关注的焦点。在翻转学习，特别是精通式学习之前，我喜欢做思维敏捷的演说家，引人入胜，火花四射。我确实很会演讲。我做过一次TED演讲，我也曾对着成千上万的人讲话。但是在我的课堂上，我不再使用我的演讲技巧了，因为精通式学习实在好用。我仍然相信思路清晰、引人入胜的演讲的力量，但在课堂上我不再发表演说。我将我想说的话保存在我的翻转视频里。如果你喜欢成为业界专家和关注焦点，能做到这一点不易。过去的我亦然。

最后，你必须重新思考你对评分和评估的看法。我曾经相信分数和百分比。如果一个学生得了89.4分，那就是B。他们有一次机会证明自己已经掌握了一些东西。如果他们在考试当天没有表现出来，那太糟了。但是现在我不在乎学生什么时候学到那些东西；我只在乎他们学会了。我们不应该惩罚进程较慢的学生。思考速度慢并不是智力低下的标志。事实上，这可能是更深入理解的标志。

那么，你准备好迎接挑战了吗？你准备好重新思考一下，如果你放开一些控制，你的课堂会是什么样子吗？你能接受自己不是课堂上瞩目的焦点吗？才思敏捷对你到底意味着什么？你愿意放弃自己原有的想法吗？尽管你现在付出了努力，但你的学生却没有如你所愿，学业出色，你是否感到沮丧？如果是，请继续阅读！

第2章

为精通式学习做好准备

你已经进入了第2章，所以，你一定至少对内容是感兴趣的。你可能希望你的课堂从表面上和本质上都有所改变。如何将精通式学习变成现实？你想了解那些具体细节。继续往下阅读吧。

精通式学习与翻转学习

这是一本关于精通式学习的书，但我发现，当精通式学习与翻转学习相结合时，它会更成功。

我知道有些教师对使用翻转学习犹豫不决，如果你也在其中，请听我略述一二。你可能认为翻转学习意味着学生只需在课前看视频。如果是这样，本节将消除这种误解。如果你在进入精通式学习的过程中仍然犹豫要不要使用翻转学习的元素，那也没关系，本书将引导你逐步实施仍然有效的精通式学习。

那么，为什么我要说翻转学习在精通式学习中起着巨大的作用呢？你可能还记得上一章中所言，实施精通式学习有两个重大障碍。第一个与直接授课有关：你什么时候直接授课？翻转学习解决了这个问题。让学生提前与较简单的任务互动，可以让你更有能力发挥精通式学习的作用。

在我的《通过翻转学习解决家庭作业问题》（*Solving the Homework Problem by Flipping the Learning*）一书中，我对翻转学习进行了简要总结。

下面是一段摘录，介绍该书中的一个重要思想：

> 翻转学习的核心是一个非常简单的想法：通过教学视频（我称之为翻转视频）或课外文本作业向学生提供直接授课和基本内容，然后课堂时间用于应用、分析和实践，教师在场澄清误解和答疑解惑。基本上，简单的事情是在面对面上课之前完成的。一旦教师和学生来到课堂上，基本内容已经介绍完毕，课堂教学的目的已经改变。学生在课前做简单的事情，在课堂上做困难的事情，教师会在那里帮助他们训练高阶思维。

将布鲁姆的教育目标分类法的金字塔重绘为菱形，可以最好地概括翻转学习（见图2.1）。

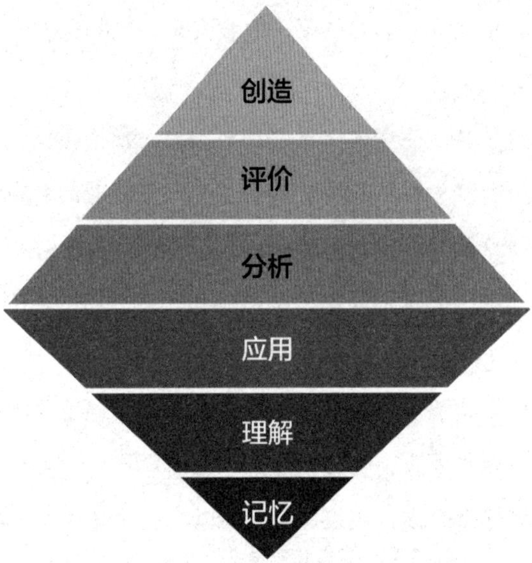

图2.1　布鲁姆教育目标分类法：菱形

“简单的事情”——记忆和理解——位于布鲁姆教育目标分类法的较

低层次，而“困难的事情”——应用、分析、评价和创造——则逐步上移。菱形的面积代表你应该用在以上各项的课堂时间的大致百分比。请注意，中间的菱形最宽，这表明教师应该安排学生花大量的时间进行应用和分析。

当然，现实情况是，大多数学生把大部分课堂时间都花在了布鲁姆教育目标分类法的最底层，教师把困难的应用和分析工作布置到家里去做。在家里，学生可能无法获得他们做这些事情所需的帮助和指导，甚至无法拥有一个安静的空间来集中注意力。在这种安排下，至少会有一些学生注定无法达到理想的学习效果，并且会越来越落后。

翻转学习的教育工作者区分我们所说的独立空间（independent space）和群体空间（group space）。在独立空间里，学生独自学习内容，独立开始探究一个新的主题。这是通过观看翻转视频或阅读指定的文本来实现的。虽然这种安排听起来可能有些个人化，但有多种方法可以使这种异步体验社会化。在群体空间中，学生一起完成项目、作业或其他学习活动。这些可能是整个班级的活动，如辩论、实验或苏格拉底对话。

布鲁姆的教育目标分类法充当了一个分流指示灯，用于决定哪些活动在群体空间进行，哪些活动在独立空间进行。简单的东西（记忆和理解）发生在独立空间，而困难的东西（应用、分析、评价和创造）发生在群体空间，在那里教师在场帮助所有学生探索复杂的材料。

在阅读本书的过程中，请记住这两个术语：独立空间和群体空间。在我们为精通式学习制定课程方案，设计有意义的教案，以及评价学生的学习时，我将使用这两个术语。

逆向教学设计

制定精通式学习的课程方案，理想的方法是逆向进行教学设计。也许你和我一样，没有人教你如何逆向计划。1986年我刚开始教书的时候，有人递给我一本教科书，让我教。那本教科书就是我的课程体系。我用它来决定教什么和怎么教。我从设计我认为会吸引人的课程开始，在我教完一章后，我会出一个测试来考察我的学生学到了什么。

到目前为止，大多数教育工作者至少对格兰特·威金斯（Grant Wiggins）和杰伊·麦克泰格（Jay McTighe）所做的开创性工作有所了解。他们的《追求理解的教学设计》（*Understanding by Design*）一书向世界介绍了逆向设计的理念。这是一个规划框架，完全颠覆了我以前的备课过程。它要求我们不要从课程开始，而是从总体目标开始，即我们希望学生达到的结果。

逆向设计有三个阶段：

- **确定期望的结果。**

—学习目标和经得起时间检验的理解是什么？

—基本问题是什么？

- **确定可接受的证据。**

—你如何知道你的学生是否达到了预期的结果？

—学生可以完成哪些绩效任务来展示他们的掌握程度？

- **规划学习经历和授课指导。**

—你可以设计出什么样的教学和学习体验来帮助学生达到预期的结果？

当我第一次开始使用精通式学习时，我还不知道逆向设计，所以我制定课程方案，然后创建评价。但是这样做，给我和学生都带来了很大阻碍。只有一些学生掌握了这些材料，这意味着我的教学体系有缺陷。由于大多数评价都是事关重大的测试，学生们感到沮丧。如果你真的想从本书中受益，我建议你在备课过程中使用逆向设计。

循环思考，而不是线性思考

当我为这本书采访那些使用精通式学习的教师时，我开始看到一种模式。我们都在创造循环的学习模式，而不是线性模式。我们都将课程切分成更小的组块，为补习和发现留出空间。

我过去经常犯的一个错误，坦率地说，现在仍然会犯的一个错误是，过于线性地思考我的学习单元。在我的旧有思维中，我已经构建了一套学习单元，其中大部分内容都是让学生自主学习的东西。在思维技能或真实任务方面，没有涉及太多内容。精通式教师所做的不仅仅是引导学生学习教科书中的内容，还需要建立起学习的精通式周期，循环往复。学生以灵活的步调完成课程。如果他们没有掌握材料，就会循环到某种补习和支持环节，使他们能够掌握这些材料。

精通式周期很重要的另一个原因是，它们将课程材料分成更小的组块，一次一块，使学生能够在相对较短的时间内完成一些事情。这一点很重要。当组块的大小（长度）恰到好处时，学生会收获很大的成就感。对于那些经常遇到困难的学生来说，这可能是一个强大的动力。

当我使用周期（cycle）这个术语时，我指的是图2.2所示的精通式学习周期。你从清晰的目标开始，然后创建精通式学习量规，然后制定评价计划，然后进入具体的教案编写，然后评价学生的学习，最后提供补习方案。随着本书的深入，你将学习如何创建循环周期中涉及的每个元素。你可能会注意到，评价这一项在表现形式上与其他事项不同。这只是为了表明评价发生在周期的不同点位，取决于你站在谁的立场。从学生的角度来看，总结性评价发生在周期的结束；对于正在进行备课的教师来说，这个问题在周期的早期就解决了，就像逆向设计一样。

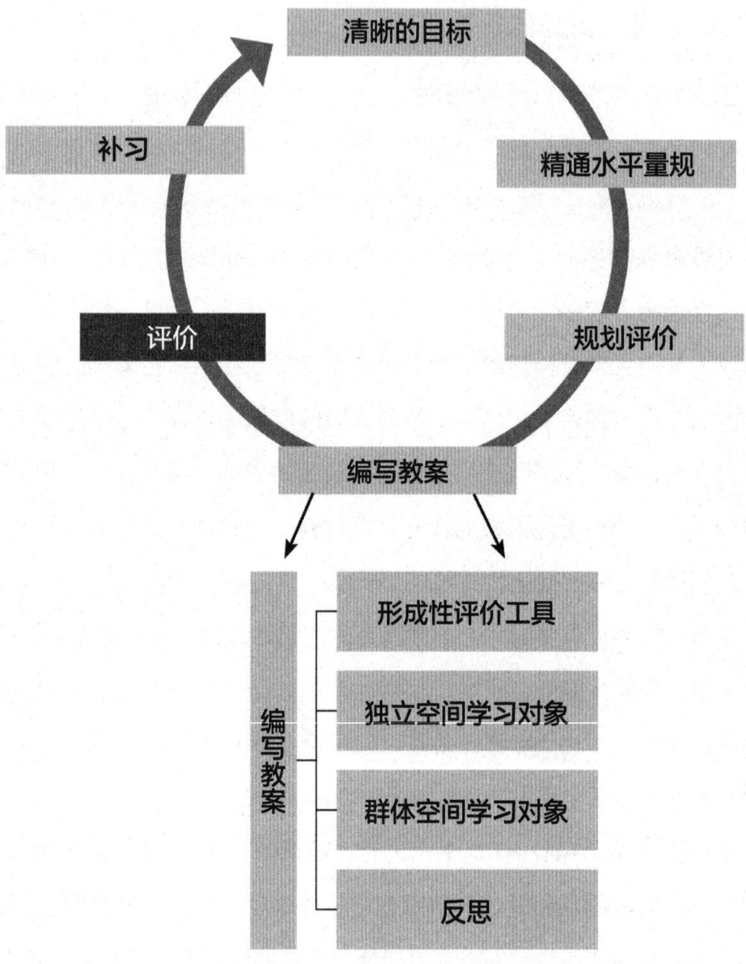

图2.2　精通式学习周期

你可能不需要调整当前的课程计划方式，你可能已经有了明确的教学目标，你可能已经有了一个学生活动库，你可能已经创建了一些评估，而且你可能已经为直接授课记录了一些值得注意之处，也许是以某种演示软件的形式，比如PowerPoint。那么你就需要动动脑筋将这些教学组成部分整合到精通式学习周期中。

也许你缺少的一项是补习方案。你会为那些在第一个周期中没有掌握知识的学生做些什么？答案不必很复杂。我通常当着学生的面给他们的总结性评价打分，在那次课时中，我很容易看出一个学生是否有错误想法或错误理解。然后，我会帮学生复习那些缺失的部分，并让学生回去练习，回答一些与该问题相关的其他问题，之后他们重新进行精通式评价测试。

第3章

创建精通式学习空间

因为精通式学习改变了你的教学方式和学生的学习方式，所以你需要改变你的教室布置也就不足为奇了。

大多数教室都是为教师在前面给学生讲课设计的。也许你的教室是为演示准备的，交互式白板放在前面，学生的课桌都面向前方。但是，当你接受精通式学习时，你会大大减少对全班授课的需求。希望学生成排坐着，只关注你和“你的教学”的日子将一去不复返。

布置教室的基本原则

你能做些什么让你的教室更有助于精通式学习呢？思考这个问题的一种方式是把你的房间想象成一系列的工作站。小学教师总是这样做，他们了解工作站轮换模式。实施精通式学习，你基本上要把你的教室设置成几个工作站，提供不同的区域。学生可以聚集在一起，取决于他们是在小组中工作、参加评价、进行补习，还是独自完成一个项目。

什么意思呢？如果你没有预算来重新布置你的教室，或者你和一个不实施精通式学习的同事共用一间教室，那该怎么办？或者你教室里的课桌固定在地板上，不能移动呢？如果是这样的话，那就要尽你所能去移动学生，而不是家具。我会用一两页的篇幅详细讨论这个问题。

不过，这里首先介绍三个有效的基本原则。

灵活机动

你能否快速切换课堂学习空间，以适应各种学习模式（例如，小组合作任务、独立学习、苏格拉底圆圈、小组辅导）？因为不同的活动会在不同的时间发生，灵活机动的安排可以极大地提高学习的效果。理想情况下，你应该能够即时重新摆放课桌椅。一个简单的方法是使用带轮子的课桌椅。学校课桌椅现在有各种样式，可以作为单独的工作站，也可以迅速转化为协作空间。这样的设置还传递了一个信息，即在这个空间，学习将有所不同。

创设主动学习空间

如果你走进一个主动学习的教室，你会看到什么？以下是一个示例：

- 学生在协作小组中解决问题，一起操作
- 学生讨论和辩论课堂上提出的问题
- 学生正在进行动手和动脑活动
- 学生在互联网上查找信息

为了促进这些活动，将课桌排列成协作单元，而不是成排摆放。关键是为主动学习创设空间。如何做到这一点取决于你和你的创造力。

这样一个教室里的教师是什么样呢？你不太可能在教室前面传统的“教师位置”上找到他们，而是看到他们在教室里来回走动，单独或在小组中与学生一起工作。

布置房间要考虑到学生的选择权和主导权

学生可以选择如何使用学习空间吗？他们可以选择空间的某一部分用于特定的任务吗？你的教室能让学生自主学习吗？他们可以选择何时以及如何学习吗？他们可以选择如何展示他们所学到的东西吗？当学生知道自己在学习方式上有更多的选择时，他们更有可能去学习。

扩展教室空间

有了基本原则以后，我们再提出一些具体的建议，让你的课堂空间适合精通式学习方法。

扩展白板空间

教室很少有足够的白板空间。在我的教室，课桌上现在都有白板。没有什么比一群学生手拿干擦白板笔一起学习更带劲的了。我甚至鼓励学生用水粉笔在我的黑色实验桌上写字。许多教师有几个小的、便携式干擦写字板，供学生个人使用。你可以从供应商那里购买，也可以通过切割当地超级商店有售的白板材料，更经济地动手制作。

提供多个层次

在考虑房间设计时，我们通常只考虑水平方向的平面。我参观了一个精通式学习教室，在那里教师设置了不同的层次。一些学生站在创意吧台旁，而另一些学生则懒洋洋地靠在豆袋变形椅上。这位教师发现，学生思考对自己最有效的学习方式，据此转移到不同的空间。

赋予每个空间一个目的

我在我的教室分出几个空间，让学生单独或以小组为单位完成更多的笔头作业。我将其他空间用于实操活动。我又划定了一个区域用于评估。我还看到有的教师为小组辅导设立区域，为学生创作视频设立工作室，为学生项目设立创客空间，为个人独立工作设立静音空间。

记住大储物箱是你的朋友

如果你从一个教室搬到另一个教室，整理所有的课程材料可能颇具挑战性。我的简单解决办法是使用大储物箱，每个箱子装一个特定活动的用品，并给它们贴上相应的标签。我把所有必要的设备、文件和工具都放在箱子里，学生知道要把所有东西放回原处。对于我这个科学课教师，这些箱子里有诸如烧杯、尺子和化学药品等物品。但箱子也可能盛放剪刀、彩色铅笔和其他促进主动学习的物品。我把箱子堆在手推车上或教室的角落里，这样我就可以在课间快速切换到不同的任务或活动。

让学生专注于任务的教室布局

我开始使用精通式学习进行教学是在高中化学课上，这可以说是我们学校开设的最危险的课程。有鉴于此，在一节课的时间里为学生布置多个实验似乎有些疯狂。采用精通式学习后，我开始相信这实际上是一种更安全的方式。在任何一天，我都可能会在教室里安排三个不同的实验。但是一次只有大约一半的学生在做实验。在学生进行实验之前，我有一个要求，就是我用一点时间和每个小组讨论实验，并复习安全措施。每个这样的讨论大概需要五分钟，每个小组不超过六个学生。

我发现这种方法远远优于给全班学生下达指令。当我以传统方式授课时，有些学生听实验前的指导，有些则不听。当他们开始做实验时，许多学生转向他们的同学问："你知道该做什么吗？"但是当我看着四个学生的眼睛，我们在讨论这四个学生需要做什么的时候，他们会更加专注。

这也有助于我监督那些很可能会开小差的学生。去年，当我在疫情期间进行教学时，我想到了这一点。我们在这一年中只有一段时间可以面对面授课，所以我决定让所有学生在同一节课上做同样的实验。这是过去的常用做法。我的一个开小差的学生觉得，往另一个孩子身上倒开水很好玩。在精通式学习的课堂上，只有一小部分学生会做实验，这种情况就不会发生了。

教室布局样板间

让我们看看一些精通式学习专家教师是如何设计他们的教室的。它们代表不同的年级和学科领域：一个初中科学教室、一个小学低年级教室、一个四年级教室和一个高中科学教室。

如图3.1所示，六张小圆桌占据了哈桑·威尔逊的教室的中心区域。无论在视觉上还是策略上，这种安排都将重点放在个人和小组工作上，放在学生同时做不同的事情上。

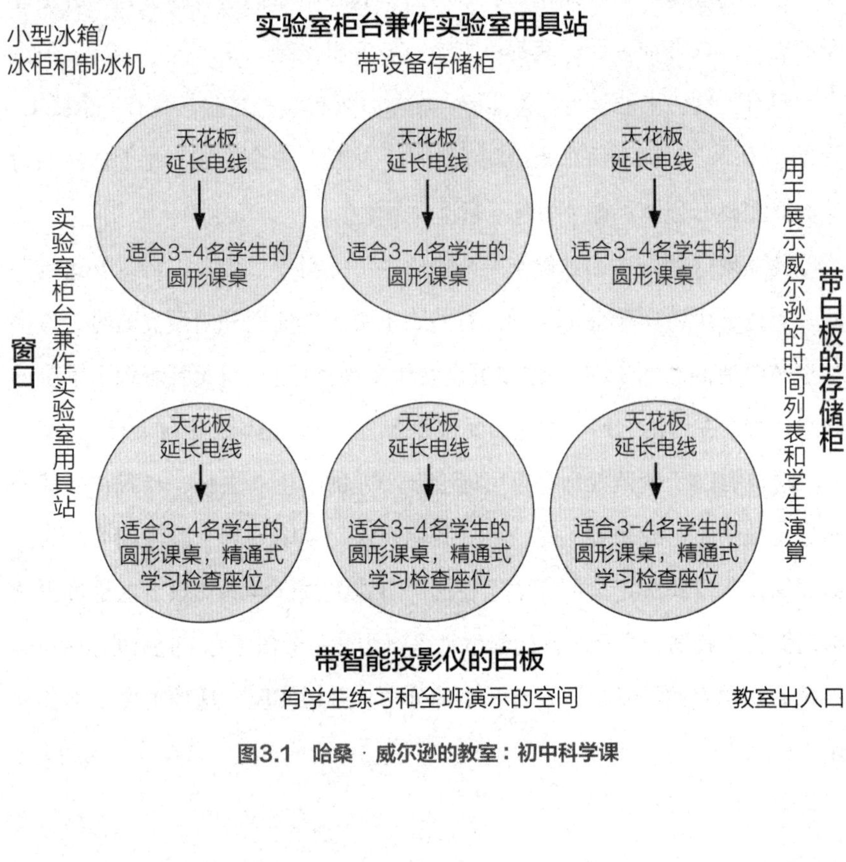

图3.1　哈桑·威尔逊的教室：初中科学课

艾丽西娅·施雷伯的教室（如图3.2所示）配备了各种尺寸和形状的桌子。这有利于教师在教室里巡回走动，并停下来与不同小组的学生交流。还有一个供学生独自工作的矮桌子/地板区域，以及一个更大的小组工作坊区域。

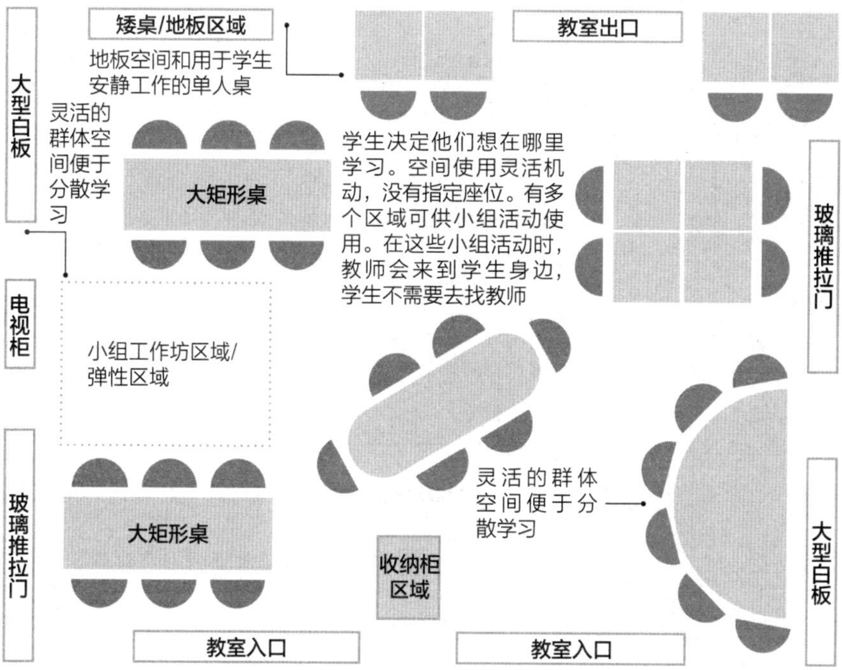

图3.2 艾丽西娅·施雷伯的教室：小学低年级

汉娜·柯伦的教室布置又是另一种情景（见图3.3）。一块小组活动地毯是教室的焦点。它周围摆放四张桌子，同时设有立式学习桌。有两个工作台面用于小组协作，豆袋变形椅提供灵活的座位。学习空间还包括一个安静角落，当学生需要调节自己的情绪时，他们可以去那里。汉娜的教室有很大的灵活性，学生可以选择各种空间，安排自己的学习。

尼基·科尼尔斯（Nikki Conyers）是新西兰的一名高中科学教师，她教室里的灵活性有限。学生课桌是成排的，没有空间移动它们，也没有空间打造专用的工作站，所以尼基通过在周围的墙上贴上工作站信息来创建工作站。

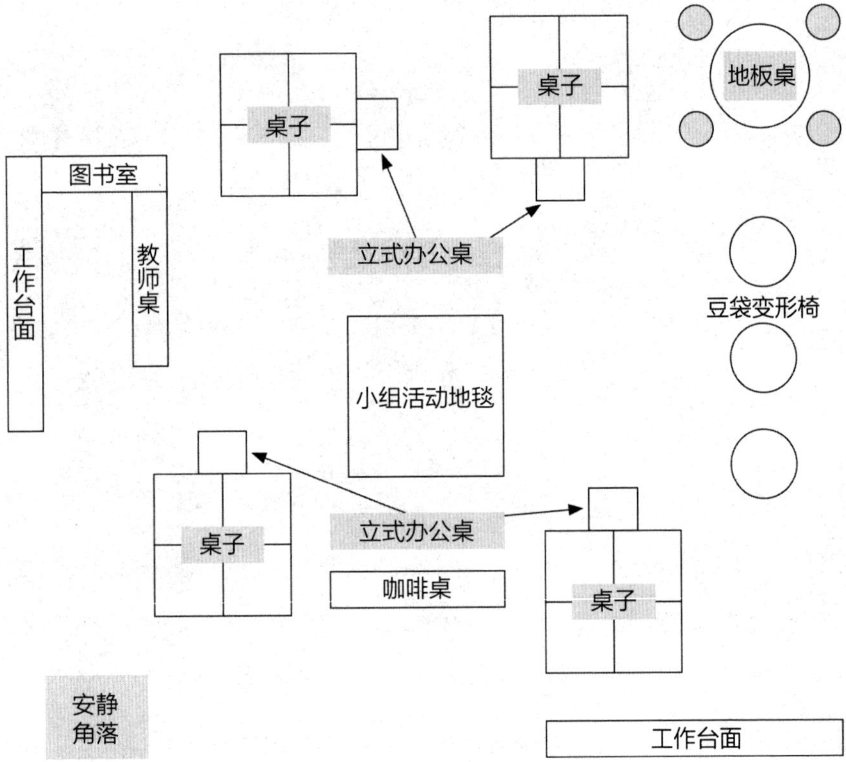

图3.3 汉娜·柯伦的教室：四年级

那我自己的教室呢？图3.4展示了我布置教室的方式。

如你所见，我的教室有很多固定家具。这是一个传统的科学课教室，它没有太多的灵活性。教室四周有白板，我们学校为中间的桌子购买了粘贴式白板材料。我们将固定实验台用作工作站，上面通常有为精通式学习而布置的各种实验。在总结性工作站，学生在设备上进行评价，他们的屏幕总是面朝教室，这样我就可以快速发现问题。图中未显示的是一个滚动白板，供学生协作之用。

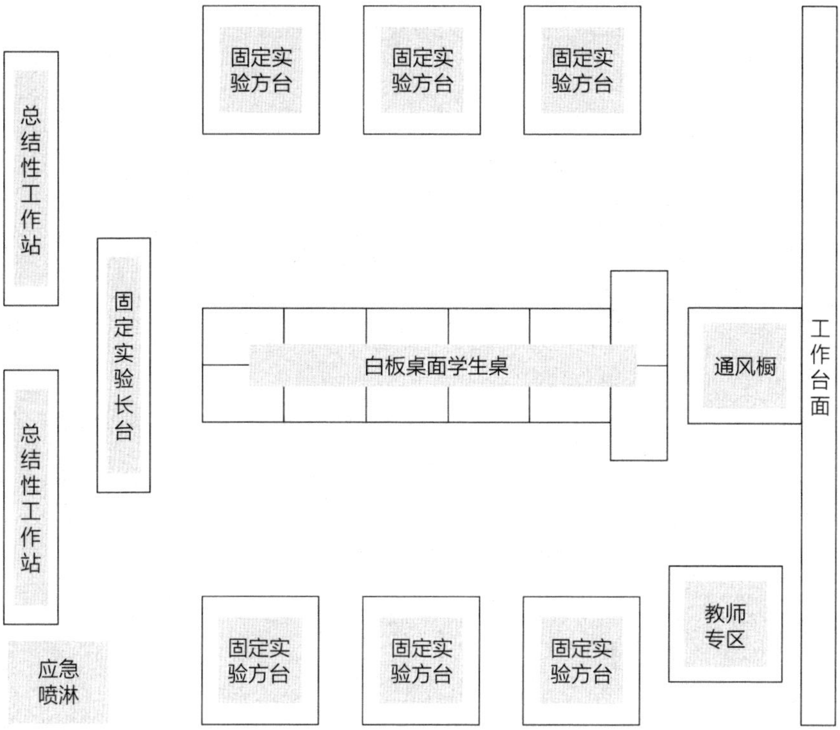

图3.4　乔纳森的教室：高中科学

最终，你必须考察自己的教室，来决定如何最好地利用空间。有一定的灵活性是最理想的，但是如果你没有，那就是发挥创造力的时候了。如果你想得到如何改造你的教学空间的反馈建议，欢迎来我的网站（JonBergmann.com）的社区提问。在那里，其他精通式学习专家将帮助你集思广益，以各种方式布置你的教室。

第二部分

为精通式学习制定课程方案

第4章

总体规划

为精通式学习制定课程方案要依据第2章中介绍的精通式学习周期（参见图4.1的提示）。

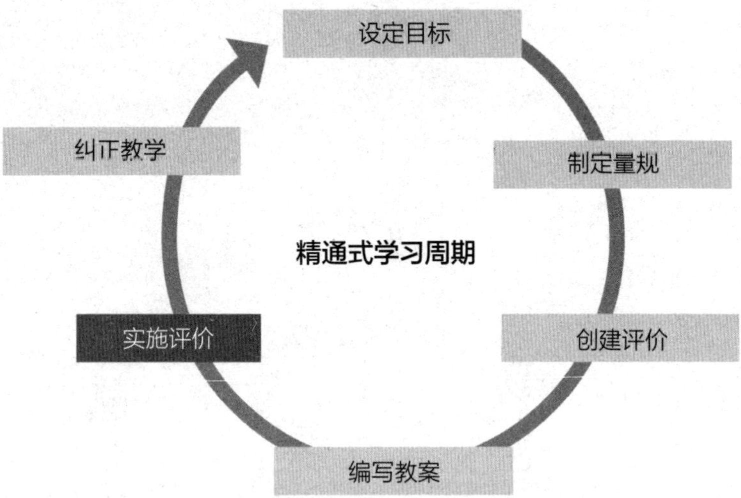

图4.1 精通式学习周期

该周期从设定清晰的目标开始，然后要求教师创建精通式学习量规和制定评价计划，进行前测，编写教案，实施总结性评价，并提供补习方案。本章为概述，我想在此对周期的每一个组成要素进行概括介绍。

- **设定清晰的目标。**这些是你希望学生知道或能够做的事情，通常最好以基本问题的形式呈现。

• **制定一套精通式学习量规。**你怎么知道每个学生掌握了多少？对于许多人来说，这可能是课程规划的一个新的组成部分。

• **创建评价计划。**你将如何评价你的学生？你会使用除传统考试外其他形式的评价吗，比如一个项目，一段视频，或者一个真实的任务？基于逆向设计，请注意，你首先要制定评价计划，然后对学生进行实际评价。

• **编写教案。**你会如何计划课程内容，将课程内容切分成组块？编写教案包括四个要素：独立空间学习对象、群体空间学习对象、形成性评价和反思。我们将在后面的章节中更深入地探讨这些要素。

• **实施和管理总结性评价。**请记住，你已经在周期的初期设计了评价。但是，你如何安排学生在不同的时间参加测试？ 你如何处理测试的多个版本，以及如何保证测试的安全性？我们将在第11章讨论这些问题。

• **关注反馈与纠正教学。**你如何帮助那些没有达到最低掌握水平的学生？你的计划应该详细说明这一点。

精通式学习单元备课模板

图4.2所示的精通式学习单元备课模板会指导你完成这一过程。你可以在本书的配套网站 TheMasteryLearningHandbook.com 找到模板的可编辑版本。不要现在就开始填写，但是一定要把它放在手边，这样你就可以在阅读过程中使用它。

你们中的许多人可能有自己的计划方式，但我鼓励你们遵循这个模板，当作教学规划的练习。然后，当你开始规划自己的精通式学习课程时，你可以对其进行修改和调整来满足你的需要。我为写这本书采访了许多精通式学习教师，他们都有专属于自己的工作流程。我把他们的想法与我的想法融合在一起，创建了这个模板，所以它应该是有用的。

单元名称：
引导问题（一个或多个）

清晰的单元目标/基本问题

精通式学习量规

课程内容	基本理解的证据 “我有点明白了。”	清楚理解的证据 “我明白了。”	更深入理解的证据 “我真的明白了。”
1			
2			
…			

总结性评价计划

前测方案（如果需要）

课程计划（教案）

课程标题	课程目标	独立空间学习对象	群体空间学习对象	形成性评价工具
1				
2				
…				

反思

补习计划

图4.2　精通式学习单元备课模板

在本书中，我将以我和我的高中生使用的一个关于火山的教学单元为例，模拟如何完成规划模板。在TheMasteryLearningHandbook.com网站，你还可以找到其他已完成的规划模板示例，这些示例来自不同的课程、科目和年级。

第5章

制定清晰的目标和精通式学习量规

制定精通式学习周期的两个步骤是设定清晰的目标和制定精通式学习量规。让我们更详细地逐一了解这两个步骤。

设定清晰的目标

首先，你需要确定你希望学生知道什么或者能够做什么。对此你可能没有多少控制权，你可能有一个课程大纲或一套必须遵循的课程标准。如果你在美国，你可以参考美国共同核心州课程标准或你所在州的课程标准。如果你在美国以外的地方教书，你很可能会有一些政府机构发布的课程标准。

做这项工作时，请记住以下指导原则。

从引导问题开始

脑子里想着这些课程标准，我鼓励你提出一个或几个引导问题。通过这些问题明确这个学习单元的大主题。例如，本书这一章有两个引导问题：你如何设定清晰的目标？你如何制定精通式学习量规？提出这些问题的过程可能非常有用，因为它帮助你且最终帮助你的学生总览全局。

坦率地说，我过去并不那么擅长用逆向设计来备课，也不擅长使用引导问题。另外，当我为本书做研究时，我意识到在如何备课、如何让学生掌握内容方面，我想做出一些改变。所以我现在邀请你进入我的脑海，看我如何为我的科学课提出一个引导问题，并着手用我的资源创建一个精通式学习单元。

现在，我的电脑屏幕上有一本指定的教科书，一本得克萨斯州课程标准，还有我以前上课关于火山单元使用的材料。请继续收集制定你自己的单元课程方案所需的材料，可能包括教科书、课程大纲和你以前的教案。

当我看得州课标时，我注意到这些标准太过模糊宽泛，无法帮助我制定具体的课程方案。因此，我利用我的专业知识、教科书的既定目标，加上互联网搜索，提出了以下引导问题：地球上火山活动的类型、原因和影响是什么？这个问题很宽泛，也是学生应该了解的关于火山的核心。这在布鲁姆的教育目标分类法中层次有点低，但是，正如你将在单元规划中看到的，学生有大量的机会更深入地理解课程内容。

现在，我希望你为自己的单元提出引导问题。在模板的指定位置写下你的一个或多个问题。

编写易于学生理解的标准

为了提出一个好的引导问题，我通常只是用更简单的语言改写标准。这是我从安德鲁·斯旺那里学到的，他是马萨诸塞州的一名初中历史教师。在我对他的采访中，他告诉我他是如何使用儿童友好型语言来改写标准的。表5.1显示了他“改写”的一个条目。

表5.1　马萨诸塞州历史和社会科学课程大纲：课程标准改写

课程标准	儿童友好型版本
8.T2.1　运用美国独立战争时期的历史知识，确定独立的背景和事件；解释《独立宣言》中关于平等、代议制政府、有限政府、法治、自然权利、共同利益和政府宗旨的重要思想。	• 我可以解释为什么某些事件导致许多美国殖民者想要脱离英国而独立。 • 我可以解释《独立宣言》中出现的几个重要思想。

安德鲁的“儿童友好型”标准可能看起来有点模糊。然而，他是有意这样做的。他指出，“过去，由于太过具体，我已经多次将自己逼入困境”。灵活的标准使他能够针对学生不同的能力水平做出具体的教学调整。对安德鲁来说，灵活性是最重要的。他的一些初中学生已经为高中学习做好了准备，而另一些学生则处于小学三年级阅读水平。安德鲁的学生中有25%一开始就远远低于平均水平，而这并不罕见。他的目标是让每个学生都展示出学习的进步，他希望他的标准能顾及这一点。

提出基本问题和基本任务

你已经在模板中列出了你的课程单元的引导问题。如果你还记得，这是我的引导问题：地球上火山活动的类型、原因和影响是什么？现在你需要提出一些基本问题和任务。基本问题比引导问题详细得多，它们提供了具体的评价标准，让你可以轻松评分。你可能有一两个引导问题，但你可能有许多基本问题或任务。

我从我的教科书开始：塔尔巴克和卢特根斯撰写的《地球科学》(*Earth Science*)。表5.2显示了关于火山的一章开头列出的目标。

这些目标在布鲁姆教育目标分类法的较低层次上相当重要。此外，这些目标实在太多了。请注意，目标通常来自教科书中所有的章节。我没有涉及所有的教科书章节，因为如果我涵盖了所有的内容，我将永远无法完成一门课程。因此，我将目标归纳为以下五个基本问题：

- 火山下面隐藏着什么秘密提供了火山如何喷发的线索？(第6.1—6.2课)
- 火山是如何形成的，如何分类？(第6.3—6.6课)
- 是什么决定了火山是否致命？(第6.7课)
- 火山能对地球产生全球性影响吗？(第6.7课)
- 全球火山分布与板块构造有何关系？(第6.8课)

此刻，我将在精通式学习模板中填写我的引导和基本问题（参见图5.1）。现在请为你的单元做同样的事情。

表5.2　地球科学教科书中的章节目标

1	比较和对比1980年圣海伦火山喷发和最近一次于1983年的基拉韦厄火山喷发。
2	解释为什么一些火山爆发是爆炸性的，而另一些是安静的。
3	列出并描述火山爆发时喷出的三种物质。
4	画一张图，说明典型火山锥的基本特征，并做出标记。
5	总结盾形火山的特征，并提供一个这种类型火山的例子。
6	描述锥形火山的形成、大小和组成。
7	列出复式火山的特征并描述它们是如何形成的。
8	描述与火山有关的主要地质灾害。
9	列出除盾形、锥形和复式火山外的火山地貌，并描述它们的形成过程。
10	比较和对比这些侵入性火成岩的构造：岩墙、岩床、岩基、岩株和岩盖。
11	总结从固体岩石中产生岩浆的主要过程。
12	解释全球火山活动分布与板块构造的关系。

引导问题（一个或多个）

地球上火山活动的类型、原因和影响是什么？

清晰的单元目标/基本问题

- 火山下面隐藏着什么秘密提供了火山如何喷发的线索？（第6.1—6.2课）
- 火山是如何形成的，如何分类？（第6.3—6.6课）
- 是什么决定了火山是否致命？（第6.7课）
- 火山能对地球产生全球性影响吗？（第6.7课）
- 全球火山分布与板块构造有何关系？（第6.8课）

图5.1　乔纳森正在制定中的精通式学习课程方案——引导和基本问题

制定精通式学习量规

一旦你确立了清晰的学习目标，那是时候着手创建一个精通式学习量规了。图5.2提供了一个可以使用的空白副本。

课程内容	基本理解的证据 “我有点明白了。”	清楚理解的证据 “我明白了。”	更深入理解的证据 “我真的明白了。”
1			
2			
…			

总结性评价计划

前测方案

课程计划（教案）

课程标题	课程目标	独立空间学习对象	群体空间学习对象	形成性评价工具
1				
2				
…				

补习计划

图5.2 精通式学习量规模板

精通式学习量规最初是由安德鲁·斯旺开发的，他是我前面提到的初中历史教师。安德鲁将这个量规称为任务跟踪器。他在课堂上使用游戏元素，并发现这样的术语让学生更感兴趣。我也使用游戏元素，所以我的学生也把精通式学习量规称为任务跟踪器。表5.3显示了安德鲁的一个任务跟踪器。

表5.3　安德鲁·斯旺的精通式学习量规

课程内容	基本理解的证据 “我有点明白了。”	清楚理解的证据 “我明白了。”	更深入理解的证据 “我真的明白了。”
1. 我可以解释为什么所有社区都有某种形式的政府。	• 列出政府帮助社区的三种方式。 • 理解这些“需要知道的术语”的含义：宪法、自治、共和国、直接民主、法治和公共利益/福利。	• 解释为什么所有社区都需要某种形式的政府（包括至少三个“需要知道的术语”）。 • 反思一下为什么你所在班级的章程会有效或无效（至少提供两个明确的理由）。	• 思考为什么你所在班级的章程会有效或无效（提供两个明确的理由，并包括支持细节，其中至少有一个班级活动和一个历史实例）。
2. 我可以分析社会契约这个概念。	• 用你自己的话来定义“社会契约”，并举一个真实生活中的实例。 • 找出三个不同哲学家关于最佳政府形式的观点。	• 解释三位哲学家关于自然权利和人性思想的主要差异。 • 创作一段三个人物之间的对话，解释在三种哲学思想中自然权利和人性之间的主要差异。	• 就政府和社会契约的最佳形式做出个人判断。 • 提供至少两个你这样认为的理由（包括支持细节，其中至少有一个课堂活动和一个历史实例）。
3. 我可以总结一下《独立宣言》的信息。	• 列出《独立宣言》所有五个部分的主题。 • 将《独立宣言》的结构与另一份文件进行比较。	• 制作一份“掌上《独立宣言》”，并给每一部分标出原始和适当主题。 • 用任务3的反思表思考《独立宣言》第二部分传达的信息。	• 从指定的不同角度（例如，约翰·汉考克［John Hancock］或阿比盖尔·亚当斯［Abigail Adams］的角度），用与原始文件相同的结构和信息写一份独立宣言。

本质上，安德鲁在第一栏“课程内容”下提出了三个清晰的目标，然后分别在三个级别上定义了精通（掌握）的能力。在“我明白了”栏中，他为每个选项选择了动作动词。大多数选项允许学生对如何展示能力做出各种选择。例如，学生可以选择书面回答、海报、视频、讨论或录制演示的方式来展示掌握程度。他不太在意学生如何展示精通，他只在意他们展示了出来。

将选择纳入精通式学习任务有几个原因。安德鲁分享说，一些学生写下自己的回答，然后口头向他解释自己的想法，因为他们的书面输出很慢（或者因为这种方法可以满足学生额外的时间要求，使用个性化学习计划的学生会有额外的时间要求）。他也接受另一些学生提交自己想法的书面提纲，而并不要求学生写完整的段落。他这样做是为了适应班上学生不同的能力水平。

那么，回到我的备课中来，我如何把关于火山的基本问题转化为一个精通式学习量规？为了创建这些活动，我利用自己的专业知识，在互联网上搜索了科学课的课程标准，并查看了过去的、我确信成功的课程和活动。表5.4显示了我最终的想法。

创建火山单元的量规花了我大约45分钟的时间，用来研究基本问题，参考我所在州的课标所建议的真实任务，仔细阅读我以前使用的活动，并在教科书中查找用于应用和分析的活动和问题。这是一项持续进行的工作。当我在课堂上使用这个量规时，我会在几年的时间里继续修改和调整它。

当然，现在是时候让你放下这本书，制定自己的精通式学习量规了。如果你不知道掌握了你的课程该是什么样，你怎么知道你的学生实际上知道些什么？为了帮助你创建自己的精通式学习量规，你可以访问以下网站TheMasteryLearningHandbook.com获取各种已完成的精通式学习计划，这些计划对应了各种学科和班级水平，应该能够提供一些有用的指导。

表5.4　乔纳森火山单元的精通式学习量规（任务跟踪器）

课程内容	课程目标	基本理解的证据“我有点明白了。”	清楚理解的证据“我明白了。”	更深入理解的证据“我真的明白了。”
6.1—6.2	火山下面隐藏着什么秘密提供了火山如何喷发的线索？	• 解释圣海伦火山喷发的原因。 • 解释岩浆的黏度如何帮助识别火山将如何喷发。	• 比较和对比不同类型岩浆的二氧化硅含量、黏度和爆炸性。 • 推断决定火山喷发爆发力的岩浆的最重要成分。	• 设计一个模拟火山黏性流动的实验，并说明火山是如何爆发的。 • 使用葡萄干、醋和小苏打模拟被困的气体对岩浆爆炸性的影响以及岩浆中固体颗粒的行为。
6.3—6.6	火山是如何形成的，如何分类？	• 简述火山的三种主要类型，并解释每种类型是如何形成的。 • 解释火山的类型如何决定其喷发方式。 • 对三种主要类型的火山分别举出至少两个例子。	• 解释岩浆类型与将要发生的喷发类型之间的关系。 • 解释火山的坡度如何指示出形成火山的火成岩的类型。	• 将鲍恩（Bowen）反应序列与形成的火山类型联系起来。 • 选择一座火山。解释它独特的地质条件以及是什么导致它以这样的方式形成或喷发。
6.7	是什么决定了火山是否致命？ 火山能对地球产生全球性影响吗？	• 列出火山造成的八种危害。 • 列举至少四种火山对整个地球的影响。 • 解释火山爆发指数（VEI）并对比三种不同类型的火山爆发。	• 解释火山的八种不同危害。选择一个你认为最具破坏性的。用证据支持你的选择。 • 选择你认为破坏性最小的危害。用三到四段的论述来支持你的观点。	• 以第一人称写一篇记叙文，讲述一次火山大爆发的经历。 • 制作一段视频，描述你认为火山对世界构成的最大威胁。用证据支持你的选择。 • 写一篇简短的记叙文，描述如果黄石超级火山爆发会是什么样子。
6.8	全球火山分布与板块构造有何关系？	• 画出火圈图，并讨论这与一些火山的形成有何关系。 • 确定地震和火山活动的全球模式。	• 对比热点火山和俯冲带火山，并解释它们各自的成因。	• 完成一个模拟项目，展示热点火山如何在数百万年内形成一系列火山。

第6章

规划精通式评价

制定精通式课程方案的下一步是创建评价计划。如果你回顾精通式学习周期（见图2.2），你会注意到评价出现了两次：首先教师规划评价，然后学生在单元期间和接近单元结束时完成评价。因为我们遵循的是逆向设计（从最终目标开始），所以规划评价是下一步。

首先思考一个关键问题：你如何知道学生是否掌握了所学知识和技能？

刚开始使用精通式学习的人是否需要创建全新的评价？我的答案是否定的。除了其他改变，还要求你改变评价学生的方式，难度很大，所以如果你在精通式学习的第一年或第二年没有做出这种改变，那也没关系。我首次尝试精通式学习的时候，用的是过去一直使用的测试，我一个都没有改！直到第二年或第三年，我才开始重新思考评价。大多数投入精通式学习的教师最终都会这样做。

即使你打算暂时跳过这一步，我还是建议你不要跳过这一章，因为本章介绍了一些宝贵的技能，使评价更易于管理。继续阅读，标出你感兴趣的地方，并记下你可能考虑在第二年或第三年做出的改变。

精通式学习的一个关键要素是，学生需要在学习下一个主题之前掌握前序内容。你需要为没有在第一次尝试中展现掌握（精通）的学生提供一种方法，让他们在随后的评价中展现掌握水平。首先，我们来看看总结性评价的问题。

总结性评价：做还是不做

我为本书采访了一些精通式学习专家，听他们讨论自己的评价方法趣味盎然。有些人在单元结束和课程结束时进行重要的总结性评价，有些人则不进行任何总结性评价。大多数人进行重要评价，都是被要求这样做的。有些人认为，总结性评价能更好地为学生进入后续教育阶段做准备，而另一些人则在每节课后进行评价。

我进行总结性评价，是因为总结性评价促使学生综合处理加工他们的学习内容。学生似乎很容易完成一项任务，然后就忘了他们所学的东西。因此，在每个学习周期结束时（包含五到七个学习目标/基本问题），我的学生必须在总结性评价中证明掌握了目标。这种安排也支持形成性评价，因为学生会重新学习和重新测试，直到他们证明掌握了目标。

以终为始

在我职业生涯的早期，我学过一门课，课程重点是史蒂芬·柯维（Steven Covey）的《高效能人士的7个习惯》（*The 7 Habits of Highly Effective People*）一书，现已重新修订。那门课改变了我的生活。习惯2说，“以终为始”。简言之，这就是逆向设计。在设计精通式课程时，我建议你在设计具体课程之前制定评价计划。这些包括你的前测、形成性评价和总结性评价。不要只考虑传统的评价。在传统的评价中，学生以书面形式回答问题。真实情景中的评价和非标准评价提供了无限的可能性，并会改变许多人对评价的看法。

在我们继续之前，请拿出你的单元计划，开始思考你的总结性评价。

它们将采取什么形式？会是一系列的问题吗？或者你的总结性评价是某种项目？我工作的一所学校对学生的学习情况进行当面评价。笔试在确定学生进步状况方面仍然发挥着至关重要的作用，但其他手段对笔试是一个补充，比如这种简短的当面评价。我经常给学生布置视频项目让他们完成。无论你选择如何评价你的学生，要确保这些评价与你的明确目标或基本问题一致。

以下是一些针对精通式学习设计总结性评价的技巧：

• **总结性评价要形式多样，不囿于传统考试。**这里略加说明，我仍然使用传统评价，因为有时这是最好的工具，我把笔试改为网考，这样更容易评分。但我也允许学生完成总结性评价项目。如果学生能找到其他方法来有效地展示他们对内容的掌握，我也会同意。

• **提出有针对性的评价问题。**我承认这一点我并不总能按要求做到。我的计算机教学系统有海量题库可用，为了给这些题库增添数据，我也在互联网上搜索高质量问题。但这里的许多问题实际上并没有评价我所教的东西，也让我的学生感到困惑。离开全职教学岗位八年之后，现在是我实施精通式学习的第三年，我看到我提出高质量评价问题的过程每年都在改进。

• **插入前几个单元的问题。**研究表明，最好在总结性评价中加入以前单元中的问题和提示。这种做法可将知识存入长期记忆，帮助学生巩固学习。

• **不要仅仅使用选择题或记忆题。**确保你的问题深入内容。问一些需要较长论述的问题或让学生展示他们如何解一道数学题。我们的目标不仅仅是让学生知道一堆信息，我们希望学生能够使用、分析并综合处理信息。

• **用学生提问来代替传统考试。**芬兰作家、教师和研究员玛丽卡·托伊沃拉（Marika Toivola）有时让学生写出问题作为他们的总结性评价。学生提出的问题是他们对一个主题理解程度的窗口。在学生提交问题后，玛丽卡接着和他们进行一次谈话，在谈话中她更深入地检查学生对知识的掌握程度。例如，当一个学生问一个浅显的表层问题时，这可能表明学生缺乏准备、不完全理解或参与程度低。更深入和复杂的问题揭示出更细致的理解，并证明教学的有效性。通常，引导这些讨论的教师会发现，这些问题促进了每个人的学习。我记得一个来自中国的交换生，他问了一些关于地震的非常有见地的问题。他经历过几次地震，因此对这个主题有浓厚的兴趣和背景知识，并能够与全班同学分享他的一些见解和相关研究。

- **创建评价备选方案。**我的几项总结性评价通过动手的实践活动来评价学生的知识。就在最近，我的物理课学生需要将一个球扔到一辆移动的玩具汽车上，并让它落在车顶的杯子里。他们有两次机会击中目标。如果他们第一次尝试失败了，我要求他们寻求帮助纠正计算方法，然后再次尝试。这项活动涵盖了我们在本单元学到的所有内容，在学生的总结性评价分数中占相当大的比例。

制定总结性评价方案

我常用的评价是通过我们的学习管理系统生成的（关于如何制定多个总结性评价方案，更多指导请见第11章）。当学生参加总结性评价时，他们被随机分配一系列问题，这些问题涉及一个单元的每个主要目标。学生必须达到最低分数（80%）才能证明掌握了目标。如果达到的话，他们就继续下一个阶段。如果没有达到，经过一些补习后，他们再参加一次不同的评价，从同一个题库中抽取新的问题。

如果学生没有通过总结性评价，你是否应该允许他们开始下一个主题呢？这取决于评价的情境和你教的内容。我通常允许没有通过考试的学生进入下一个主题的学习，然而这样他们会不可避免地掉队。然而，我要求这些学生再回到前一单元，证明他们已经掌握了此处应该掌握的主题。

在精通式学习之旅的早期，我就知道开发和制定有效的评价并非易事。搜寻其他题目来源，添加到题库中，会很有帮助。科学教师鲍勃·弗隆使用线上工具Problem-Attic.com，非常成功。这是一个按主题和课标组织起来的海量题库，这极大地丰富了鲍勃总结性评价的题库。

但是不要局限于题库，也要使用真实性评价，如项目或当面评价。PBLworks.org是针对基于项目的学习（PBL）的一个良好的评价题目来源。他们有一个项目设计器功能，这是一个在线的交互式规划工具，包括一个项目库，其中有73个基于标准的PBL项目，可以帮助你设计适合学生年龄的项目，这些项目是依据和对应大多数学校的课标而设计的（见www.pblworks.org/PBL-resources/project-designer）。

总结性评价：重考还是不重考

当与精通式学习专家聊天时，我很惊讶，他们中有些人不允许学生重考总结性评价。新加坡的经济学教授吉尔伯特·方（Gilbert Fong）只允许在形成性评价中重考。他的学生在一个学期内只能参加一次总结性考试。

科学教师鲍勃·弗隆也只让参加一次总结性评价。然而，他希望学生拿回试卷后改正所有错误。相反，教师科里·沙利文和蒂姆·凯利允许重考。他们的学生必须在每次总结性评价中至少获得70分，才能通过考试，并继续下一个阶段。教师发现，经过重考，99%的学生最终都能通过每门考试。

我采访过的绝大多数教师都允许学生重考总结性评价。霍莉·斯图尔特是南卡罗来纳州一名八年级科学课教师，她进行简短的总结性评价。一旦学生完成一个精通式学习周期，他们会进行一次测验。测验由10个问题组成，如果学生的分数超过70分，他们就可以进入下一个阶段。梅根·皮尔斯是一名高中物理和化学教师，她在学校的学习管理系统Schoology上进行总结性考试，她允许学生根据需要多次参加考试，直到获得至少70分。

我的系统与此类似，我也使用学习管理系统来进行总结性评价。我也允许学生按需多次参加总结性评价，直到他们拿到至少80分。然而，我确实有一个规则：如果一个学生没考过，我希望他在重考之前获取帮助。而且他们每天只能做一次总结性评价。

我建议你允许重考。记住，我们不在乎学生什么时候掌握了材料，只在乎他们实际上掌握了材料。

芬兰教师玛丽卡·托伊沃拉分享了一个关于重考的观点，令人耳目一新。她指出，她的大多数学生最初将任何形式的失败都视为消极的事情。但是因为学生可以在她的工程和数学课上重考，现在他们庆祝失败，认为这只是学习旅程中的又一步。玛丽卡承认，让学生相信失败对他们有好处需要一点时间。她说，关键是在你的课堂里建立一种促进合作的文化，这样所有的学生都会看到，课程的目标不是获得高分，而只是学习。因此，从某种意义上说，所有的评价，甚至是总结性评价，都是形成性的。

将总结性评价与学习量规关联起来

在为本书做研究的过程中，给我带来最大改变的一个电话是我和玛丽卡·托伊沃拉的通话。在她的《翻转评价：为学习而评价的飞跃》（*Flipped Assessment: A Leap Towards Assessment for Learning*）一书中，她质疑在一个单元结束时使用一次总结性评价的价值。玛丽卡认为，任何评价的目标都是为了发现学生在多大程度上理解了一个主题。为此，她设计评价的目的是让学生达到失败临界点。她为每个章节或单元创建了三个独立的评价——一个展示基本理解，一个展示清晰理解，一个展示更深入的理解。这个观念完全符合精通式学习量规，也符合学生能够证明的三个掌握水平。

这次电话给我带来的改变最大，因为我一直在我的“一刀切”式的精通式评价中挣扎。去年，我的每个学生都通过了每一次精通式评价。但我也意识到，我并不总在每次评价中都包含最具挑战性的问题。玛丽卡向我展示了如何全面地确定学生对材料的掌握程度——用基本的、清晰的还是更深层次的理解。学生可以选择参加哪个等级的考试，如果他们愿意，也可以参加所有三个等级的考试。他们的分数取决于他们通过的最高等级的考试（详见第15章）。从那以后，对每个单元我会有三个不同的测试。

创建总结性评价计划

现在是时候放下这本书，创建你自己的总结性评价计划了。拿出你的精通式学习单元规划模板，在指定的空白处描述你将使用的评价，无论是传统评价还是非标准评价。在写教案之前，你需要先把这个写下来。

我会和你一起做这件事。再次提醒，我正在进行的是火山这个单元。图6.1显示了我的总结性评价计划。

• 在三种不同的总结性评价中，学生将选择参加一种或多种——可以获得基本的、清晰的或更深入的理解。他们通过的最高级别决定了他们的成绩。 • 学生无论选择哪种考试，都必须至少得80分。 • 如果学生选择更深入理解的评价，他们必须找我完成一个五分钟的当面评价，我会在评价中检查学生是否真正地深入理解。这次谈话的焦点是以下问题：地球上火山活动的类型、原因和影响是什么？

图6.1　乔纳森火山单元的总结性评价计划

诊断型预评价

美国心理学家大卫·奥苏贝尔（David Ausubel）在他1968年出版的著作《教育心理学》（*Educational Psychology*）中写道："如果我必须把所有的教育心理学归结为一个原则，我会说，影响学习的最重要的且是唯一因素是学习者已经知道的东西。搞清楚这一点，并据此教导他。"

这是否意味着，在精通式学习周期中，我们应该在创建评价之后和开始编写教案之前对学生进行预评价？本杰明·布鲁姆并不热衷于在精通式学习课程中进行前测。他担心大多数时候，学生一开始就会失败。此外，他认为，某一科目进行下一个专题教学的先决条件是对先前内容的掌握。

关于前测的另一个问题是，一些教师根据学生的进步程度给他们打分，即学生在本单元的课程中走了多远。有一种观点认为，精于此道的学生可能会故意在预评价中得低分，在后评价中就可以抬高自己的分数。

考虑到这些潜在的缺陷，预评价是否还有价值？本杰明·布鲁姆的学生菲利普·莱顿·索托（Felipe Leyton Soto）认为，如果必备知识对于完成一节课是重要的，那么短小的前测加上随后的错误纠正将显著提高学生的成绩。如果你教的学生因为最近的疫情而在学习上有差距，这一点可能很有帮助。

史蒂夫·克拉普内尔（Steve Crapnell）在前测方面做得很好，他是澳大利亚布里斯班市奥尔霍洛斯学校（All Hallows' School）的数学教师兼数字教学主管。他使用前测来确定学生是否具备完成课程所需的所有必备背景知识。因为史蒂夫教数学，学生在他的课堂上学到的很多东西都依赖于先前的知识。所以，如果学生不知道如何解X，那么Y就更难了。

什么时候应该进行预评价？如果你发现预备知识存在潜在缺口，请进行预评价。就我而言，我是逐节课考察这个问题的。去年，我发现我的物理和化学课需要更多的预评价，尤其是数学技能方面。一些学生没有必要的数学背景，我需要为他们增加补习方案。

那么，让我们回到你的精通式学习单元规划模板，我们在第4章中看过这个模板。如果你需要前测，请将其添加到你的规划中提供的空白处。我会把这一部分留作空白，因为我认为没有必要在这个关于火山的单元中对学生进行前测。

第7章

编写教案：创建形成性评价工具

我们现在已经来到精通式学习周期的编写教案阶段。编写教案有四个主要组成部分：形成性评价工具、独立空间学习对象、群体空间学习对象和反思（见图7.1）。我们将在本章和接下来的三个章节分别考虑这四个部分。

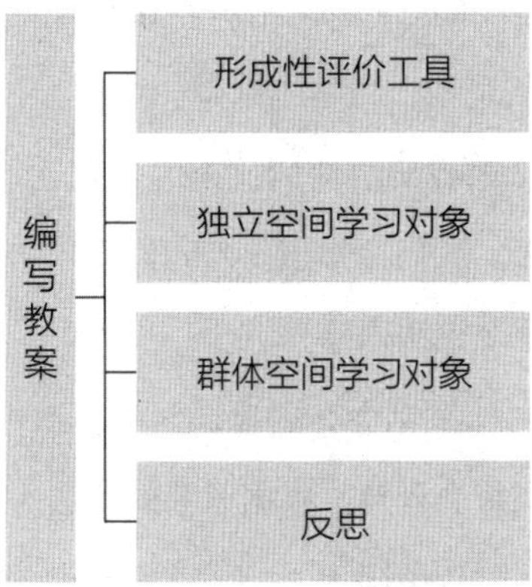

图7.1　有效的精通式学习教案的组成部分

像我一样，有些人可能想在创建形成性评价工具之前创建学习对象。这里的先后没有关系。如果你想先创建学习对象，就请先阅读第8章和第9章，然后再回到第7章。

形成性评价：掌握程度检查

精通式学习的核心不在于单元结束时的总结性评价，而在于整个单元过程中针对内容的理解和进步所做的形成性检查。为了使精通式学习发挥作用，你需要大量没有重要影响的评价，为教师和学生提供即时反馈。大多数翻转—精通式学习的教师都采用掌握程度检查（mastery check）一词来描述这一过程。

掌握程度检查可以采取多种形式。我们来探讨一下教师为他们的教学决策提供信息的几种类型。

学生讲授

丽莎·麦考利（Lisa McCauley）是伊利诺伊州的七年级数学教师，她拿着白板在教室里巡回走动。当学生给她一个信号，表示他们准备好进行掌握程度检查时，她把白板交给他们，让他们向全班讲解，关于当天的主题他们已经学会了什么。我们都知道，当我们必须向别人解释什么事情时，我们学得最好，所以这个想法很棒。

在这样的课堂里，如果学生有困难，丽莎有时会介入；其他时候，她默不作声，相信学生最终会理解。根据丽莎的说法，“这里的技巧就是知道何时应该提供帮助，何时应该倾听”。

当堂小测

汉娜·柯伦是伊利诺伊州的一名三年级教师，她使用她所谓的当面评价（interview assessments）。当学生们准备好接受掌握程度检查时，她很快写下一个他们需要解决的小问题。（她在数学教学中使用这种方法，但她发现这个方法在阅读和写作课上也很有用。）一旦学生解决了问题，他们还必须向她解释自己是如何解决问题的，以及他们为什么选择这样解决问题。

如果你要使用这种方法，你需要创建一个题库来评价学生的学习情况。

我打算明年在课堂上使用这种短小的当面评价。这在我的化学和物理课上特别有用，因为这些课程都是以数学为中心的。你还可以使用这种短小的评价来检查你希望学生展示的技能。例如，如果你的目标是让学生找出一篇文章中所有的明喻，就让学生在课后立即完成一个短小的评价，来证明他们的理解。可能性是无穷的。

在线掌握程度检查

俄亥俄州的科学课教师鲍勃·弗隆使用他们学校的学习管理系统 Schoology 来支持他的形成性评价工作。他为每个目标创建了三种不同的掌握程度检查，他出的题可以让计算机自动评分。学生有三次机会把题做对，如果他们第三次尝试失败，就需要和教师坐下来进行补习。

学生发起提问

我在翻转—精通式之旅的早期就学会了让学生提问。每个学生每堂课至少带来一个好问题。在这些提问时间里，我发现要进入学生的头脑，我需要保持安静和倾听。通过这些问题可以有效地洞察学生对一个主题的理解。有时他们的问题暴露出一个误解。有一次，一个学生问我为什么某个数字会出现在化学反应中，我意识到他们不了解化学反应的基本原理（这是他们过去应该学过的）。其他时候，他们的问题过于表面化，学生只是简单地问一个在准备工作中很容易解释的问题。当这种情况发生时，我通常会返回来，问他们是否看过视频或阅读了预习材料。有时他们的问题会让我更深入地探究内容，我们一起探索酷炫的东西。例如，一个学生最近问，既然热量总是从热流向冷，空调怎么可能工作。这个更深层次的问题显示出他理解得非常到位，这引发了一个关于如何冷却空气的深入对话。

白板评价

艾玛·帕金森是新西兰阿什赫斯特小学三年级的教师（学生年龄为6—8岁），她拿着便携式白板在教室里巡回走动，迅速写下问题提示，要求学生当场回答。特别是在数学课上，这是一种快速检查方法，检查学生是否掌握了一个主题的重要内容。

微对话

阿什赫斯特小学的校长希斯·奇滕登指出，形成性评价完全取决于问题的质量。顺便说一下，阿什赫斯特是新西兰第一所翻转学校。希斯鼓励他的教职员工，一定要清楚地知道自己希望学生知道什么，能做什么，并在掌握程度检查中，在问学生的问题时将这一点考虑在内。掌握程度检查的一种形式是微对话（microconversation），可以单独或小组进行。就我个人而言，我更喜欢四人小组，因为这种安排能让学生从同学的思考中学习。

我发现，对每一次掌握程度检查，我都需要准备更好的关键问题。一两个基本问题总是能抓住学生正在学习的具体内容的核心。我需要把这些问题更有条理地写在我的带夹笔记板上，这样我就准备好问他们了。

有些人问我，如果我们所做的只是交谈，我怎么知道一个学生是否掌握了一个主题。我通常依赖于自己的直觉和从学生表达中获取的信息。这方面的教学与其说是科学，不如说是艺术。如果学生的回答显示出深刻的理解，那么学生就是掌握了主题。这种方法在我的地质学课上最为成功，因为它是高度描述性的，而在我的物理和化学课上，学生必须解决离散型问题。在地质学上，学生需要向我解释雷电或地震的原因，或者为什么阿拉斯加几乎总是很冷。如果他们能够充分解释一种现象，那么我会勾选表示他们已经理解了知识的方框。这种方法在文学课上也很有效，这时你可以让学生解释为什么某个人物会这样做，或者一首诗歌的主题是什么。

坦白地说，这些微对话可能是我教学生涯中最大的快乐来源。在我的教室里走一走，听一听学生思考的过程，推动学生更深入探索，学习更多知识，并向他们提出挑战——没有比这更棒的了。

好问题，效果惊人

当我过去以一种更传统的方式教学时，我会在一年中的某个特定时间就某个特定主题讲课，在那一段时间问相关的问题。但是自从我开始用精通式学习法教学以来，事情发生了变化。因为掌握程度检查中的对话不是在全班面前进行，而是单独或以小组为单位进行，所以我现在与学生进行这些对话的频率要高得多。因此，我有了更多的机会，去问更好的问题。

我甚至为不同的学生设计了不同的问题。对于有些学生，我的课很有挑战性，我希望他们更全面地理解材料。对另一些学生，这门课对他们得心应手，我就让他们更深入地探究内容，所以我们最终学到的比公布的课程目标要多得多。

辅助形成性评价的技术工具

为评估选择一个平台可能是一项艰巨的任务。当我重新开始全职教学时，我在互联网上搜寻一个具有强大评价工具的学习管理系统。我最终选中了加拿大D2L公司的个性化学习系统“明空”（Brightspace）。对我来说，这个平台很好用。尽管如此，所有的技术工具都有一些局限性。

为了写这本书，我采访了许多专家，他们使用各种工具来进行精通式学习评价，这表明没有唯一正确的工具。以下是他们推荐的一些工具：

- MasteryConnect.com
- Microsoft 365 Suit
- Problem-Attic.com

- Schoology
- Seesaw
- Google Classroom and Google Forms

你可以在大多数课程出版商那里找到另一类评价套件。如果你的教学与你的教科书紧密结合，出版商很可能会有一个全面的评价套件来反映你的教学内容。我对巴西出版商SAS印象颇深（见https://saseducacao.com.br/）。在他们的评价套件中，不仅有海量的题库，而且还增加了人工智能和游戏元素，来巩固学生的学习。他们的一个产品帮助学生准备相当于巴西SAT的考试，这个工具极大地提高了学生的通过率。

精通式学习的教师正在使用Canvas（www.instructure.com/Canvas）、Black-board（www.blackboard.com）、Nearpod（https://nearpod.com）、Mentimeter（www.mentimeter.com）以及一系列其他工具。有些工具更适合总结性评价，另一些工具则更适合形成性评价。不要忘记笔头评价的价值。学生能够快速展示他们的成绩，这往往使笔头评价成为了解学生不断发展的理解水平的最简单的工具。

在教案中添加形成性评价工具

现在，我把我的形成性评价工具添加到我的火山单元中。在我的案例中，这涉及使用简单的当面评价/微对话。在其他课程中，我会使用我们讨论过的其他方法。

现在就去做这个规划工作吧。

第8章

编写教案：创建独立空间学习对象

完成了形成性评价的规划，那是时候添加你想让学生在课堂上完成的活动了。

在本章中，我们将讨论如何创建独立空间的学习对象。你可能对学习对象（learning objects）这个术语感到疑惑。波尔萨尼（Polsani）考察了该术语目前使用的各种定义，然后确定了以下定义："学习对象是学习内容的独立的、能自成一体的学习单元，易于在多种教学环境中重复使用。"尽管这一定义涵盖了课堂上可能发生的许多事情，包括新信息的呈现、做练习、做评价等，但我们将特别关注独立空间和群体空间的学习对象。（我们将在本章讨论前者，在第9章讨论后者。）一旦你创建了这些学习对象，你就差不多完成了你的第一个精通式学习单元的规划。

什么是独立空间学习对象

在独立的空间里，学生通常会独自学习。在这里，学生接触到新材料。他们的学习主要是在布鲁姆教育目标分类法的两个较低层次上进行，即记忆和理解。

大多数精通式学习的教师以两种方式中的一种创建或组织高质量的独立空间学习材料，即基于文本或视频的预习。两者各有利弊。你也许拥有大量基于文本的材料，因此文本材料更容易在初期用作预习材料。基于文本的材料往往更适合更复杂且包含着显著的细微差别的主题。

但视频通常更受欢迎。例如，当你向学生展示如何做事时（如何更换交流发电机，如何在数学或物理课上解决某个问题，如何引用来源，或如何识别句子中的连接词）。但是，创建视频内容当然需要你做更多的工作，并且所有学生都需要移动设备来访问内容。虽然设计和录制高质量的教学视频需要一些时间和练习，但随着你制作视频的经验越来越多，你可以不断完善你的视频讲座。最重要的是，学生可以想看多少遍就看多少遍，并且可以根据需要暂停和重播。

那么，你应该使用哪一种，文本还是视频？我的大部分视频都和我课本里的内容相对应。例如，我的地质学课本第6.2节描述了不同类型的火山。我创建了视频6.2，讨论相同的主题。学生可以阅读课本6.2节，也可以观看我的视频。

但是，在某些情况下，我不给学生选择的机会。例如，在我的物理课上，我制作了视频来介绍迈克尔·法拉第（Michael Faraday）。这一部分讲述了一个感人的故事，是关于法拉第如何克服重重困难，成为有史以来最杰出的科学家之一。我没见过有其他视频也能如此感人。因此，选择文本或视频来预习取决于课程的性质。图8.1给出了在两者之间做出选择时需要关注的一些要点。

视频预习：原创制作还是引用内容

使用视频作为预习材料的一个常见问题是：我需要制作自己的视频吗，或者我可以使用别人制作的材料吗？这是翻转学习社区正在进行的辩论。

当我开始踏上翻转—精通式学习之旅时，我制作了自己所有的视频内容。部分原因是因为需要。2007年，网上没有很多高质量的教学视频，

格式	优点	缺点
视频	• 擅长展示如何做某事 • 最好是视觉表现与解释搭配使用 • 类似于讲座，用作讲座的替代形式	• 如果材料过时，很难编辑 • 制作过程更难 • 如果你正在创建自己的视频，则需要大量的前期时间投入
文本	• 如果内容过时，易于编辑 • 帮助学生更好地阅读	• 不太适合显示步骤 • 版权可能是个问题 • 更难实现数字化

图8.1　视频和文本作为预习材料的优缺点

YouTube也刚刚诞生。今天，你几乎可以在任何地方找到视频，YouTube上可能有你所教的每个主题的各种视频。但它们的质量、准确性和有效性各不相同。

当我在2019年回归课堂时，我制作了全新的视频。人际关系是良好教学的核心和灵魂，当我的学生在视频中看到我时，增强了师生关系。此外，这也向我的学生传达了一个信息，即我是这个学科的专家。在与数千名翻转学习的教师合作之后，我发现当教师制作自己的视频时，课堂会运行得更顺畅。当教师使用他人制作的视频时，学生可能会认为自己的教师干脆"不再教课了"。制作自己的视频是对抗这种情绪的好办法。

然而，我并不是说你需要制作所有自己的内容。我偶尔会使用别人的视频。有些人可以用远胜于我的更好的方式解释一个主题。当我教一些我还没有完全掌握的东西时，我倾向于使用别人的内容。例如，我最近做了一个关于电磁感应的单元。我上一次教这个单元是在30年前。所以我决定看一些YouTube视频来温习一下这个主题的知识，这样我就可以更好地对其进行教学。然后，我决定使用我正在学习的视频，将其分享给学生。即便如此，明年我也将制作我自己的电磁感应视频。

在我主持的一个研讨会上，一位教师阐述了自己制作视频的另一个原因。他说："我可以花好几个小时寻找完美的YouTube视频，我也可以自己制作。"你可能有一种特定的方法来讲一个特定的主题，试图找到一个按你的方式讲课的视频，很可能比你自己制作视频要花更多的时间。一旦你克服了技术障碍，掌握了一些诀窍，制作自己的教学视频并不是很难。随着你制作的视频越来越多，你会发现花费的时间越来越少，质量也越来越好。

你可能已经涉足视频创作了。也许在疫情期间，随着远程教育的普及，你学会了如何制作简短的教学视频。也许你使用了截屏软件，如Screencast-O-Matic（www.screencast-o-matic.com）或screencastify（www.screencastify.com）。

如果你准备完善你的教学视频的质量，一些基于研究的实用技巧可以帮助你。

视频内容制作实用技巧

使用以下实用技巧将提高你的视频质量，使其更有效，更吸引学生。

突出目标

确保你的视频传达了这节课或这个单元的基本问题或主要目标。在视频开始时，准确地告诉学生你想让他们学到什么。我过去没有这样做。今年，我对视频加以修订，在我所有的视频中添加了文本框，以突出目标。

控制时长

我的第一个教学视频太长了，我尽力把我曾经在一节课上教过的内容都塞进一个视频里。有效的视频一次教一个主题。至于长度，一般规则是，你的视频时长不应该超过你学生的年龄。如果你教7岁的孩子，将视频保持在7分钟；如果你教10岁的孩子，将视频保持在10分钟。我教17岁和18岁的高中三年级和四年级学生。我的视频从7分钟到11分钟不等。的确，视频的长度不应该超过15分钟。在过去的一年里，我在制作一个新的学习单元时违反了这个规则。我的视频持续了20分钟，我的学生看得真的很吃力。我早该知道的，但我当时很匆忙。我会再做一次，为明年的学生制作一套新的短片。

使用视频介绍新内容

让你的视频聚焦于布鲁姆教育目标分类法的较低级别，即理解和记忆。把较难的东西留给课堂。

确保视频中图片多于文字

许多第一次制作视频的人往往在屏幕上放大量的文字，但视频是一种视觉媒介。如果这篇课文真的那么重要，那么学生就应该把阅读作为预习。在你的视频中，使用图像来说明你的重点。例如，如果你正在制作一个关于工业革命时期童工的视频，加入描述儿童工作条件的图片，通过这些图片来讨论你的一些主要观点。

建立互动

视频可以是一种被动的媒体，但教学视频不应该是这样。为学生找到与视频内容互动的方式至关重要，即使他们是在独立空间中独自学习。有各种各样的方法来建立互动。我们来看看其中的几个。

信息组织图

使用信息组织图作为教学视频辅助工具是有争议的。2018年，维塔诺法（Vitanofa）和安瓦尔（Anwar）研究了77名翻转写作课上的学生。其中一半的学生使用信息组织图，而另一半只是跟着教学视频做笔记。维塔诺法和安瓦尔发现，使用信息组织图的学生成绩显著提高。当我第一次看到这个研究时，我开始为我的课程制作信息组织图。图8.2显示了我在地质学课程中使用的一个。

视频6.2：溢流还是爆炸?

视频基本问题

- 岩浆的两种主要类型是什么?
- 溢流式喷发和爆炸式喷发有什么区别?
- 黏度（viscosity）一词是什么意思?
- 特定类型岩浆的熔点如何影响喷发类型?

视频前问题：描述一下你认为炸弹爆炸时会发生什么。想象一个封闭的空间，一定会发生什么?

观看“溢流”火山的视频，写下观后感。你看到了什么，你对什么感到好奇?

识别下面四种类型的火山。

每一种火山形成的关键因素是什么?
定义：黏度
定义：火山碎屑流（Pyroclastic flow）

填表。

成分构成	含气量	喷发温度	黏度	形成火山碎屑流的倾向	火山类型
玄武岩（含铁镁）					
安山岩（中间体）					
长英质岩					

定义：休眠（quiescent）

什么因素影响黏度？完成表格。

因素	如何影响
温度	
成分构成	

视频摘要

课堂提问

图8.2　信息组织图作为教学视频辅助工具

考察该信息组织图，请注意以下事项：

- 基本问题处于核心重要位置。
- 我提供了看视频前需要回答的问题。2017年，卡彭特（Carpenter）和托夫内斯（Toftness）发现，回答视频前问题的学生的成绩比对照组高出19%。
- 用问题、表和图将信息组织起来。
- 留出地方让学生总结视频。
- 留出地方让学生写课堂上检查掌握程度时他们要问的问题。

你可能看出来了，我纳入的表格式模板反映了康奈尔笔记法的元素（康奈尔笔记对我的学生真的很管用）。

我开始不再让年龄较大的学生使用信息组织图作为教学视频辅助工具。一些学生只是填空，并没有深入参与视频内容。我的下一步计划是，花更多时间教学生如何通过使用更开放的康奈尔笔记法，与教学视频互动，然后我会让他们创建自己的信息组织图。我仍然会要求学生回答一个视频前的问题，在观看视频后用他们自己的话总结视频，并写下观看视频时想到的有趣问题。请注意，年龄较小的学生可能会受益于以这种方式使用信息组织图，因为他们可能还没有准备好处理更高层次的信息。

嵌入式问题

有几种视频交互工具，可以让你在教学视频中嵌入问题，以跟踪学生的理解。目前，许多教师使用Edpuzzle（https://edpuzzle.com）、Formative（www.formative.com）、Play-Posit（https://go.playposit.com），以及在某种程度上，使用他们所在学校的学习管理系统。大多数学习管理系统还没有强大的视频交互组件，但随着时间的推移，这种情况可能会改变。这些工具的另一个功能是强制视频暂停。例如，如果你希望学生停下来解决一个问题或给一段文本加下划线，你可以让视频在指定的点位暂停，然后学生必须单击一个按钮才能继续。这种强制暂停不仅使观看体验更具互动性，也给了学生处理重要概念的时间。

社会化学习

研究表明，学生在社交环境中学习时，他们学习得更好。使独立空间社会化的一种方法是使用社交视频平台。例如，使用工具Perusall（https://perusall.com），教师可以将在线视频链接到平台，然后学生异步观看视频。他们可以暂停视频并添加自己的评论，同伴可以对此做出回应。Perusall对于基于文本的预习具有相同的功能，所以对这两种预习，我都使用这个工具。

Perusall还提供了它所谓的困惑报告（confusion report）——一种自动生成的报告，它总结普遍有困惑的地方或学生有问题的地方。在图8.3中，你会看到我一个班级的困惑报告。它显示了学生们不断提到的关键词——如矿物（minerals）和硬度（scale）并列出了他们提出的具体问题。圆圈圈起来的字母是提问的学生的姓名首字母。学生可以在每个视频中发表评论，通常，不等我做什么，他们的同学就进行回答了。

2.4a一个视频的困惑报告：矿物的惊人特性

主题1（关键词：矿物，硬度表）　　部分：1

LT　我发现很有趣，钻石是莫氏硬度表上硬度最大的矿物。既然钻石是莫氏硬度表上最硬的矿物，是不是其他任何矿物都不可能划伤矿物钻石？

PD　如果你有一块矿物，它不能刻划出划痕，但它不属于任何其他硬度级别，会发生什么？你会把它归为硬度等级中较低的一级吗？

PD　如果你看不到里面会怎么样？例如，如果矿物是深色的？

主题2（关键词：不同地，精准地）

LT　我认为有趣的是，两种化学成分相同的矿物在地球上的形成方式不同。那种化学物质的名称是什么？还有，为什么同样的化学物质在地球上形成的方式不同？

WK　是什么让晶体互不相同？它们似乎有不同的化学和物理性质，但是如果它们有不同的化学和物理性质，为什么我们仍然把它们都归类为晶体？

JY　它们到底有什么不同？定义似乎是一样的。

图8.3　Perusall 困惑报告

跟踪学生的学习进度

我提到的所有工具都可以跟踪学生观看视频的情况：学生在每个视频上花了多少时间，他们是否多次观看了视频的某个部分，有多少个学生看了同一个视频，以及他们在所有嵌入式问题上的表现。这是一个信息宝库，教师可以用来确定每个学生对每个视频的理解程度。

Perusall中的教师视图显示了一个学生数据的控制界面，包括每个学生花在视频观看上的时间（它可以区分活跃的阅读和观看时间以及仅仅打开窗口或视频）；每个学生所做的注释、评论和点赞的数量；以及他们的评论收到的评论数和点赞数。

使用跟踪工具的重要性，我再怎么强调也不为过。让学生对预习负责在精通式学习课堂中至关重要。当学生知道你知道他们在预习中参与了互动活动以及他们的互动程度时，这将确保精通式学习体验取得更大的成功。

视频制作技术技巧

视频的内容至关重要。然而，如果你没有使用恰当的技术，那么你所准备的内容可能无法发挥最大效用。这里有一些技巧，可以确保你的视频从技术的角度来看是一流的。

重视音频质量

没有什么比糟糕的音频更能毁掉一个好视频了，而提高音频质量最重要的就是在安静的房间里录制。另一种方法是把麦克风尽可能靠近嘴边。大多数设备上的内置麦克风可能足以录制大多数教学视频。如果你需要更好的音频质量，我建议你买一个USB麦克风或者使用连接到电脑的耳机。

添加注释

给你的视频添加注释通常是有益的，它提供了另一个层面的解说，引导学生去理解最重要的内容。在我的学科，化学和物理，注释是必不可少的。以下是一些不同的方法：

• 录制自己站在白板前讲解。把你的智能手机放在三脚架上，站在白板前，录下自己对已经写在白板上的文本的评论和注释。

• 使用触控屏笔记本电脑。许多笔记本电脑都有触控屏，这样便于书写。购买一支数码笔，可以更好地控制注释。

• 购买一台外接数位板。这些设备价格低廉，可以通过USB或蓝牙连接到笔记本电脑。我用的是Wacom Intuos手写板。

在线发布视频

你可以经常使用学习管理软件将视频直接发布到平台上。一些视频交互工具，如Edpuzzle和PlayPosit，允许你在他们的平台上发布视频。你也可以将视频发布到YouTube或Vimeo等服务平台上，然后与你的学生分享链接。Google Drive和微软OneDrive也可以托管视频。

考虑使用中央接入点

许多教师只是创建一个谷歌文档，与他们的学生分享。该文档是主控文档，它包含所有课程资源的链接，如在线作业、翻转视频、评估等等。新西兰的阿什赫斯特小学的一切教学事务都通过谷歌教室（Google Classroom）和谷歌文档（Google Docs）运行，取得了巨大的成功。

与另一位教师搭档

制作教学视频最好由团队完成。如果你有一个同事可以和你一起工作，你的视频质量和效率都会提高。不仅视频更容易制作，而且看到两个人在屏幕上交谈远比看一个人站在那里讲课有趣。如果你在每天上下班的路上听收音机，那通常是两个人在交谈，而不仅仅是一个人试图抓住观众的注意力。这种安排增强了互动性，并产生以下积极影响：

• 好主意层出不穷。在制作视频之前，你们几乎总会展开对话，讨论教一个主题的最佳方法。这种对话是提高教学质量的良方。

• 不同的视角带来更有效的学习经验。让第二个人出现在屏幕上的对话中，可以让其中一个人扮演教师，另一个人扮演好奇的学生提问。这些问题通常是理解的关键。例如，我曾经和一位历史教师合作，他在教美国最高法院在20世纪初是如何处理种族主义犯罪问题的。作为一名科学教师，我对历史并不熟悉，而且我确实是一个好奇的学生。我学到了很多，教师也展示了他在该领域的专业知识。

• 减少工作量。安排两人一组，一个教师可以设计视频，另一个人可能解决一些技术问题。

• 有助于证明精通式学习的价值。两人合作可以促使其他教师尝试精通式学习。如果你自愿帮助其他教师制作视频，你可以帮助他们完成从传统教学到精通式学习的飞跃。当我还是技术总监的时候，我帮助许多教师创作了他们的第一个翻转视频。我协助技术方面的工作，并出镜扮演好奇的学生。我目前和另一位化学教师合作，我们一起制作视频。虽然他还没有完全接受精通式学习，但他正在朝着这个方向推进。

说话自然

当教师制作他们的第一个视频时，他们往往会失去一些在实际教学环境中面对现场观众的活力和热情。坐在电脑屏幕前，在没有人看的情况下保持生动活泼，充满活力，这有点奇怪。关键是要知道观众会看你的视频，会欣赏你在视频中展现最好的自己。

这个建议得到了理查德·迈尔（Richard Mayer）在多媒体设计领域的研究的支持。他提出了12条原则，其中之一是个性化原则，该原则指出，当话语的风格是对话体，而不是正式体时，人们在多媒体课堂学习得更好。迈尔建议，当学习者听到你的叙述时，应该感觉有人在直接和他们说话。

所以要做你自己。如果你古怪，那就古怪吧。如果你擅长冷幽默，那就用冷幽默。如果你很低调，就用你舒缓的声音邀请学生学习。请记住，当你的学生知道你在为他们制作这些视频时，这对他们来说特别有意义，他们会学得更好。

让学生掌握节奏

迈尔的另一个原则是学习者控制原则，即当学生控制他们观看分段内容的速度时，他们会体验到更深层次的学习。如果视频在短小却富有意义的片段之后停止，而且必须单击才能继续，学习者会学得更好。许多软件工具，比如Edpuzzle，允许你在视频中插入暂停。

基于文本的课前作业

许多翻转和精通式教师为独立学习的学生布置基于文本的作业。与视频一样，基于文本的课前作业必须处于布鲁姆学习目标分类法的较低层次（理解和记忆）。学生应该能够独立完成这项任务。

以下是使用基于文本的课前作业的一些优势：

- 如果你打算在以后的学期或学年中使用这些内容，可以很容易地进行编辑。
- 它能以更深刻的方式处理主题。
- 鼓励学生成为读者。
- 需要更复杂的思考。
- 准备时间比视频少。
- 允许更多的内容（视频文字记录往往很短）。

哈佛大学物理学教授埃里克·马祖尔（Eric Mazur）翻转了他的课堂，但不使用视频。他发现基于文本的课前作业非常适合他的教学风格。我有机会参观了哈佛医学院，那里完全采用翻转式学习，他们的大部分课前预习也是基于文本的。在我的课上，我混合使用视频和文本作为预习材料。

你可能不会创建大量基于文本的预习任务，而是从各种各样的来源精选材料。你可以从教科书、网上找到的文章、选集、短篇小说、研究文章、原始资料文档和大量其他资源中指定段落。

基于文本的课前预习的一个优点是，除了一本书或几张纸，它可能不需要任何技术。根据你的情况，这可能是你布置课前作业的最佳解决方案。但是，如果你的学生有足够的技术途径，你可能会考虑使用文本交互工具（text interaction tools）来发布文本。这些工具跟踪学生的阅读时间，提供机会进行形成性反馈，并使学习更加社会化。

我前面提到的Perusall视频交互工具最初是作为文本交互工具设计的，因此它在文本模式下甚至做得更好。当学生阅读共享文本时，他们可以为文本中的关键词句加亮、做出评论以及评论其他学生的评论。该工具还评估学生的评论，并生成困惑报告，就像它在视频方面能做的那样。

图8.4显示了一个交互式对话的摘录，这些对话链接到电荷的文本解释。“JB”是我名字的缩写，我在文本中也插入了我的评论。

Actively Learn（www.activelylearn.com）是另一个具有重要功能的文本交互工具。我们学校的历史教师凯文·西维尔斯用这个工具取得了很好的效果。他报告说，他的学生现在正在阅读指定的文本。由于该工具跟踪学生

IM　引力和电场是相互排斥的吗？据推测，有电场的物体质量也很大，因此一定有引力场。电场和磁场相互作用吗？

JB　引力场和电场并不相互排斥。有可能有这样的物体，既有巨大的质量（因此产生巨大的引力场）又有大量的电荷（因此产生巨大的电场）。电场和磁场不可避免地相互作用！这些场之间的相互作用是许多技术的基础，例如无线电、电报和电磁电机。

TY　由于我们对重力非常熟悉，我们低估了磁力和静电力的影响。例如，重力中的g比静电力中的K小得多。然而，我们必须记住库仑常数K要大得多，因为引力比静电力弱得多。例如，用一个气球摩擦你的头发会产生很多静电力，但实际上没有重力。

图8.4　Perusall 交互阅读示例

的参与度和学生阅读文本所花的时间，而且学生知道教师正在审查这些指标，因此学生的理解能力大大提高了。

在教案中添加独立空间学习对象

为了说明如何将学习对象添加到教学方案中，我将继续构建我的火山单元。图8.5显示了每个学习目标的条目。你需要思考如何才能更好地向学生介绍这些材料。你会选择视频、文本，还是两者兼而有之？记住，无论你选择什么，都要将内容保持在布鲁姆目标分类法的较低层次。

课程内容	课程目标	独立空间学习对象	群体空间学习对象	形成性评价工具
6.1-6.2	火山下面隐藏着什么秘密提供了火山如何喷发的线索？	视频6.1：圣海伦山的故事 视频6.2：溢流还是爆炸？ 视频信息组织图（每个视频都配有）或课本第6.1—6.2节		当面评价：微对话
6.3-6.6	火山是如何形成的，如何分类？	视频6.3：剖析火山 视频6.4：盾状火山 视频6.5：复合火山 视频6.6：火山渣锥 视频信息组织图（每个视频都配有）或课本第6.3—6.6节		当面评价：微对话
6.7	是什么决定了火山是否致命？ 火山能对地球产生全球性影响吗？	视频6.7：火山灾害 视频信息组织图 或课本第6.7节		当面评价：微对话
6.8	全球火山分布与板块构造有何关系？	视频6.8：板块构造和火山 视频信息组织图 或课本第6.8节		当面评价：微对话

图8.5　乔纳森的火山单元（添加了独立空间学习对象）

你可以看到学生可以选择视频或文本预习。我还为每个视频创建了信息组织图。请注意，所有视频和文本都发布到Perusall，以便学生进行互动，学生必须在每个视频或阅读部分至少发表四条评论。

我要你拿出你的精通式学习教案，添加你的独立空间学习活动。现在就做。

第 9 章

编写教案：创建群体空间学习活动

一旦你设计出，或者至少规划了你的独立空间学习对象，那是时候设计或决定你希望学生在群体空间做的活动了。

对于什么才是适合群体空间的学习活动，我不太愿意过于详细地讨论，因为每个人所教的东西五花八门。

最重要的是记住，筛选的标准是布鲁姆的教育目标分类法。在群体空间，学习活动应处于分类法的中间（应用和分析）或顶部（评估和创造）。

课堂小组活动

让我们来看一些会让你感兴趣的群体空间活动。

- **练习：**作为一名物理和化学教师，我发现我的大部分小组时间都用于让学生练习物理和化学题。
- **提问：**问学生一些精心挑选、有针对性的问题，帮助他们更深入地探索课程内容。
- **同伴辅导：**如果更有能力的学生愿意，他们可以帮助自己的同学。
- **辩论：**学生可以就过去或现在有争议的问题或事件进行辩论。
- **模拟：**有许多在线和离线模拟，可以帮助学生更深入地研究一个主题。
- **苏格拉底研讨会：**做一些关于苏格拉底研讨会的研究，使用这种奇妙的方法帮助学生看到不同的观点，发展他们的推理能力。

- **案例研究：** 让学生研究不同的案例，解决问题或开发独特的解决方案。在医学领域，教授通常会提出案例，学生必须确定病人所需的治疗方案。
- **讨论：** 引导全班或小组讨论一个话题。
- **项目：** 让学生通过设计一个项目来证明掌握了一个概念。
- **项目式学习：** 你可以在多种课程中使用这种方法。我强烈建议你买一本丹·琼斯（Dan Jones）的书《翻转课堂与项目式学习》（*Flipped 3.0 Project Based Learning: An Insanely Simple Guide*）。
- **情景教学法：** 情景教学法是案例研究的简化版本，教师可以用来加强学习。
- **实操活动：** 精通式课堂提供机会进行实操活动。例如，作为一名科学课教师，我现在的精通式课堂可以比以前多做50%的实验。除了做实验，学生还可以制作立体透视模型，给机器人编程，甚至修理汽车模型。
- **教具：** 许多教师，特别是在数学课上，已经使用了诸如七巧板、基数10块（base 10 blocks）和分数板条（fraction strips）这样的教具，取得了巨大的成功。
- **同伴教学法：** 这不仅仅是让学生互相教。哈佛大学物理学教授埃里克·马祖尔著有《同伴教学法：大学物理教学指南》（*Peer Instruction: A User's Manual*）。他使用同伴教学法来吸引他的学生。在这种方法中，教师向学生提出一个问题，每个学生做出一个回答，然后学生聚在一个小组中，一起推导问题答案。讨论时间结束后，他们重新回答问题。此时，教师澄清学生可能仍然存在的任何误解。
- **调查：** 利用调查过程帮助学生自主学习。如果你采用调查过程，你的学生将首先在群体空间学习，随后将进行独立学习。

- **角色扮演：**让你的学生进行角色扮演，可以演绎一个历史事件、世界语言课中的商店之旅，科学课中的捕食者—猎物关系，甚至课堂管理场景。

- **第一人称叙述：**让学生扮演一个历史人物的角色，从那个人的角度写作。例如，一位教师让学生从一个走在血泪之路[①]上的切罗基（Cherokee）少年的角度给马丁·范布伦（Martin Van Buren）总统写一封信。

- **社交媒体模仿：**我认识的一位教师让学生从不同的历史人物的角度创建社交媒体帖子。例如，托马斯·杰斐逊（Thomas Jefferson）和约翰·亚当斯（John Adams）之间的推特讨论会是什么样？

这份清单并不详尽。关键是设计（或找到）高质量的群体空间活动，来实现和加强每节课的具体目标。

在教案中添加群体空间学习对象

图9.1显示了我的授课计划。请注意，我既有一个实操学习活动——模拟火山喷发熔岩流的实验，也有一系列基本问题。学生们真的很喜欢做这个实验。他们玩洗碗液，然后设计实验，测试当温度、坡度或其他变量改变时，熔岩（洗碗液）的流动如何不同。

无论你如何设计学习对象，重要的是，独立空间要考虑布鲁姆教育目标分类法的低阶活动（理解和记忆），而群体空间要考虑布鲁姆分类法的高阶活动（应用、分析、评估和创造）。

是时候拿出你的精通式单元计划，添加你的群体空间学习活动了。

---

① Trail of Tears，指1830年北美印第安人被驱赶到俄克拉荷马所经的路线。

课程内容	课程目标	独立空间学习对象	群体空间学习对象	形成性评价工具
6.1-6.2	火山下面隐藏着什么秘密提供了火山如何喷发的线索?	视频6.1：圣海伦山的故事 视频6.2：溢流还是爆炸? 视频图像式思考辅助工具（每个视频都配有）或课本第6.1—6.2节	熔岩流模拟实验 6.1—6.2提问清单	当面评价：微对话
6.3-6.6	火山是如何形成的，如何分类?	视频6.3：剖析火山 视频6.4：盾状火山 视频6.5：复合火山 视频6.6：火山渣锥 视频信息组织图（每个视频都配有）或课本第6.3—6.6节	2次 虚拟现实火山活动 6.3—6.6提问清单	当面评价：微对话
6.7	是什么决定了火山是否致命? 火山能对地球产生全球性影响吗?	视频6.7：火山灾害 视频信息组织图 或课本第6.7节	圣海伦山毁灭实验分析 6.7提问清单	当面评价：微对话
6.8	全球火山分布与板块构造有何关系?	视频6.8：板块构造和火山 视频信息组织图 或课本第6.8节	绘制全球火山活动图 6.8提问清单	当面评价：微对话

图9.1　乔纳森的火山单元（添加了群体空间学习对象）

第10章

编写教案：创造反思机会

向埃德蒙·伯克（Edmund Burke）道歉，我正在随心所欲地改造他的话。吸收新信息不反思，就像吃饭不消化。我意识到你们中的一些人可能不习惯在课堂上使用反思，但它是促进认知和联系的有力工具。

反思是一种日常习惯

当学生反思他们的学习时，他们的学习成绩会有显著提高。梅琳达·梅斯特雷（Melinda Mestre）是澳大利亚的一名化学教师，每节课结束时，她监督学生填写一张简单的表格，进行反思。在她的表格中，她清楚地描述了成功的标准，并包括三个基本问题：你对今天的课程有何感想？为什么？你应该采取什么行动？

我也在课堂上做类似的事情。每天课后，学生必须在谷歌文档中反思两个问题：我今天学到了什么有趣或令人困惑的东西？我学习之旅的下一步是什么？只有我能看到这些反思，我通常会对每一个反思做出评价。下面是我的学生反思的示例：

- “我们用沸水里面煮豆子的实验了解了对流。当我们近距离观察水中的豆子时，我们看到豆子由于对流而做环形运动。烧杯下面的热量使里面的液体和豆子上升到烧杯顶部。那里的温度更低，于是液体（和豆子）又下降了。这也是第一单元的最后一部分，我们今天在课堂上学习。我还做

了一点地质遗址的项目。”——艾比，11年级地质课学生

• “今天我们看到了一些不同的化学反应（颜色和沉淀）。我们还第一次使用了化学药品。下节课之前，我需要准备元素测验，观看Perusall上的视频，并回答我们所做实验的问题。”——阿德里亚娜，10年级化学课学生

• “今天我努力理解速度、位移和距离之间的关系。我仍然需要完成第二级，但至少我在这方面有了一些进步。我还没有完全掌握这个主题，但我正在尽最大努力，我会尽快完成第二级。我至少已经完成了所有的视频。”——瑞恩，11年级物理课学生

注意瑞恩在向我暗示他的学习遇到了困难。我能够利用这种反思给他一些额外的关注。

这些思考需要很少的时间。我设置了一个下课前五分钟的闹钟，提醒我们开始反思。当远程教学时，我发现这特别有帮助。反思是学生离开我们共享的Zoom会议室前的小测。我也了解到学生生活中发生的事情。例如，一个学生分享了一些我能够跟进的个人信息：

> 在疫情这段时间，我的家人没有直接受到灾难的影响。然而，我姑姑的朋友不幸死于新冠，情况似乎超现实。此外，关于本周的家庭作业量，我不觉得家庭作业太多。——劳伦，11年级物理课学生

好的教学，无论你是否使用精通式学习，总是回到与学生发展高质量的关系。我从事教学工作，并不仅仅是为了成为一个科学书呆子，我还想要，而且仍然想要，与学生联通并激励他们。我打赌你也是这样。养成五分钟反思的习惯是和学生建立联系的一种有效方法。

在教案中添加反思

现在轮到你在教案中添加反思了。因为我让学生每天回答两个相同的问题，所以我只需将这些信息添加到教案底部的反思计划空白处，以下为示例。

> 在谷歌文档中，学生将每天反思以下两个问题：(1) 我今天学到了什么有趣或令人困惑的东西？(2) 我学习之旅的下一步是什么？

现在就拿出你的精通式单元计划，并添加学生反思环节。

第11章

实施和管理总结性评价

在第1章中，我分享了20世纪80年代精通式学习难以站稳脚跟的两个主要原因。第一个问题是很难弄清楚何时进行直接教学；第二个问题是，一个班级有30名学生，管理多版本的测试是很大的挑战。本章将帮助你在课堂上处理这些问题。

如果你一直在使用逆向设计，你应该已经在周期的早期设计了总结性评价。你可能采取更传统的测试形式，也可能是一个项目或一个真实的任务。我用传统方式进行教学的时候，所有的学生都在同一时间参加同一场考试。但是在精通式学习中，学生在不同的时间参加考试。创建、实施和管理这些评价可能具有挑战性。

尽管一些精通式教学专家只给学生一次机会进行总结性评价，但我倾向于提供多次机会。如果你也打算这么做，请继续读下去。如果没有，我仍然鼓励你阅读这一章，因为这些管理技巧也适用于形成性评价。

数字评价还是纸质评价?

你的总结性评价应该是数字评价还是纸质评价？图11.1显示了每种方法的一些优点和缺点。

当亚伦·萨姆斯和我第一次开始实施翻转—精通式模式时，我们每次考试都有三个纸质版本。有些学生尽力记住每个版本，或者在某些情况下，学生用手机拍照，然后与同学分享。我们左右为难，我们应该用纸质还是数字版本的总结性评价呢？我们最终决定用数字评价，因为我们希望学生每次参加总结性评价，都面对一个不同的考试。

格式	优点	缺点
纸质	• 考试是安全的。 • 学生很熟悉这种考试。	• 管理一次考试的多个版本更加困难。 • 如果你没有一个强大的学习管理系统，这是不可能的。
数字	• 生成考试的多个版本很容易。 • 考试可以包括彩色图像。 • 考试全部或部分由软件评分。	• 它需要一个强大的学习管理系统。 • 考试的安全性可能会打折扣。 • 给论述部分打分更难。

图11.1　数字评价和纸质评价的优缺点

你的情况可能不同：你可能没有一个强大的学习管理系统，你可能没有时间创建一组评价题。如果你是在精通式教学的第一年，不要对改变评价方式有压力，这可以是你第二年或第三年的项目。

与我交谈的专家在这个问题上表现出了很大的多样性。许多人使用软件工具来实施总结性评价，而另一些人则比较传统，更喜欢笔试。德国的数学教师科里和蒂姆用笔试进行所有总结性评价。他们尝试了几个在线平台，但发现有太多的学生找到了与同学分享试题的方法。课堂上只有纸质评价，使这个问题最小化。还有一些教师采用混合考试，在线评价和纸质评价兼而有之。

迎接“个性化”试题的挑战

那么，如何为每个学生出一份不同的试题呢？2008年，当我们开始翻转一精通式学习时，我们使用Moodle作为我们的学习管理系统。我们发现可以用它实施考试，所以我们想知道是否有一种方法可以解决管理考试的多个版本的问题，有没有办法给每个学生提供一份不同的试题？一天，当我在Moodle论坛上阅读帖子时，我无意中找到了解决困境的方法。当我意识到我发现了什么时，我在客厅里跳了一支舞。

虽然我们当时使用的是Moodle，但其他学习管理系统也或多或少有相同的功能。我目前使用的是Brightspace，它有一些相同的功能。Schoology、Canvas和Blackboard，以及Quia（www.Quia.com）等独立评估工具也是如此。

让我们来了解一下创建数千个版本的评价时，典型的工作流程可能是怎样的：

1.从你清晰的目标或基本问题开始。

2.为每个目标创建题库。我通常为每个目标出8—10道题。

3.让学习管理系统或网络工具随机选题。这就是魔法发生的地方。例如，如果有8道题评估目标1，让系统随机挑选一道题来评估该目标。换句话说，评估目标1的8道题中的任何一道都可能出现在某次考试中。对于目标2，你可以让系统从12道题中随机选择2道题，出现在这次考试中。重复这个过程，直到你创设完成全套试卷。

4.每个学生都拿到自己的试卷，不同于其他人的试卷。有些试卷会有相同的问题，但试卷是随机产生的。

这可能对你有用，也可能不适用，因为它需要学生访问计算机。当我们在2008年开始这样的考试时，我们每个教室里有八台电脑。因为学生不是同时参加考试，这就足够了。

当然，编写有意义的好问题来评价目标并不容易。在我回到课堂的第一年，我在互联网上搜索高质量的问题，并创建精通式评价的框架结构。第一年，我还花了一些时间熟悉我的学习管理系统。像如何使用数学函数这样的小事情需要花很多额外的时间来学习。但一旦我学会了如何使用这个工具，工作流程就加快了。第一年，我的评估题目刚刚够用。在第二年，我扩大了题库，删除了效果不好的问题。虽然这需要一些时间，但以这种方式进行评价非常有效。

保证考试安全性

数字评价的一个挑战是，学生参加考试时连接着互联网。这为学生创造了更多的机会，让他们不那么诚实。此外，学生在不同的时间参加评价，所以更难一直监督他们。让我们来看看提高考试安全性的一些方法。

划定空间

我从教研员卡拉·约翰逊那里学到了这个策略，她对精通式学习做了广泛的研究。她在她的教室里划定了一个空间用于评价，照字面理解，就是划出一块儿空间，只用于这个目的。当学生进入该空间时，他们只能携带考试材料。对我来说，这意味着不允许使用手机。在这个空间里，学生的电脑总是面朝教室，这样教师可以随时看到他们的屏幕。如果学生的屏幕上有任何不适宜的东西，就需要立即进行诚信检查。

使用密码

我为每个考试设置了只有我知道的密码。当学生进入考试空间时，他们问我密码，由我输入。专业提示：一些学生看着我的手指，试图猜出密码。为了避免这个问题，我故意拼错所有的密码，并且使用那些他们很难复制的密码。另一个专业提示：因为不同的学生可能在同一时间参加不同的考试，所以我给每个考试的背景使用一张独特的图片。这样我就不会在单元2测试中输入单元1的密码。

提供练习测试

今年，我尝试了一些新的东西。通过Brightspace（我的学习管理系统），我允许学生在参加实际考试之前，尽可能多地参加练习测试。因为每个评价都有成千上万个不同版本，所以我发布了没有密码的练习测试。对于任何由计算机评分的问题（例如，多项选择、排序），学生都会立即收到反馈。对于答案较长的论述题，学生用心作答，我不久就对其评分。

这种做法可能会让你们中的一些人感到不舒服，因为你不希望学生提前看到试题。但请记住，系统里有数以千计的测试版本。如果一个学生参加了20次考试（有些成绩优异的学生就是这样做的），那么这些学生就会花大量的时间来解决所有可能的问题。通过纯粹的重复，他们肯定会掌握这些内容。

回到原点：纸质考试

去年年底，我和同事艾米·林赛（Amy Lindsey）谈论了我们的精通式地质课中的考试安全性问题。她一直在和我们的一些学生交谈，有些人诚实地谈到一些学生是如何作弊的。我们不知道，他们打开了我们没有看到的浏览器标签页。今年，我们将打印不同版本的试卷（用我们的学习管理系统，这很容易做到），让学生在指定的评价空间进行考试。

如何包含开放式问题

如果你只考软件可以轻松评分的问题，则数字评价易于管理。但一个有效的评价应该不仅仅包含这类问题。就我而言，我考的一些问题是数学问题。我想知道学生是否理解这个过程，这对我来说比仅仅检查他们的答案是否正确更重要。如果他们的过程差不多是正确的，但得出的答案是错误的，我喜欢对他们呈现的内容给一部分分数。

对于开放式问题，学习管理系统不会给这些问题评分。例如，我在地质学测试卷上提出的一个问题是：为什么岩浆中的气体含量越高，爆炸式喷发的可能性就越大？学生输入他们的回答，我来评分。也有一些问题，学生在学习管理系统之外回答。以这个为例：在一张纸上绘制一个三角洲，并标出所有部分，然后交给教师评分。对于更具数学意义的问题，学生必须条理清晰地展示解题过程，完成考试后交给我。

所以不要觉得你只限于考容易评分的问题。有一些方法可以管理各种各样的评估问题，你也可以自己确定学生是否已经掌握了材料。

缩短评价时间

在我实施精通式学习之前，我的总结性评价时长一个课时。老实说，我这么做是因为我想安静一天。但如果学生在不同的时间更频繁地进行总结性评价，就没有必要进行冗长的考试。我意识到我可以占用学生更少的时间，进行一次精准的评价，所以现在我的总结性评价只有20到30分钟。缩短评价时间可以腾出更多的课堂时间让学生学习和互动。如果你的技术条件有限，并使用一套课堂教学设备，较短的评价可以释放你的设备，而且一个设备在某个课时可以使用两次来完成评价。

立即评分

因为我大部分的课堂时间都花在了“巡回走动”上，我的日常任务之一就是给总结性评价打分。虽然学习管理系统的测试包会在学生完成评价后给他们一个分数，但学生知道，要获得所答题目的部分分数或开放式问题的分数（我总是包括这些），他们需要与我进行总结性检查。当我查看他们的答卷时，我利用这段时间进行补习。如果我看到错误理解和相关的错误模式，我会和学生一起复习。有时，我要求他们对一个信息不完善的回答进行口头扩展，看看他们是否真正理解这个概念。如果他们能够提供缺失的信息，我会给他们加分。

这些总结性检查对学生来说是一个强大的学习工具。他们知道这关系重大，所以认真对待评价。此外，学生非常渴望尽早通过总结性评价，特别是对于那些没有动力多次参加考试，也还没有证明自己已掌握知识的人，因为一个青少年最不愿意做的事情就是放弃午餐或休息时间，来伯格曼先生的教室参加测试。

管理评价与教案修改

在一个精通式学习课堂，管理评价可能是一件最有挑战性的事情。关键是要有一个计划并坚持下去。毫无疑问，在你开始之后，随着新工具的出现，你需要更改工作流程或修改评价方案。

第12章

关注反馈与纠正教学

我不想承认这一点，但当我刚开始教书时，如果有些学生不懂，我还是会继续开始下一个单元。我把那些学生落在了后面。但采用精通式学习，教师预料到一些学生在第一次尝试时掌握不了这些材料，专门为这些学生准备了方案。

查看精通式学习周期，补习是我们最后一个元素，但它可能是最重要的。在这一章结束时，你应该能够完成你的精通式学习单元教案，并且你应该准备好开始采用精通式教学法！

高质量的纠正教学

关于补习过程，有一些重要的研究成果。所有文献都指向一个重要的警告：如果学生第一次没有学到某些东西，用最初的教学方法重新教授这个主题通常不会奏效。不幸的是，我实际这样做的次数超过了我愿意承认的次数。我会告诉那些第一次没有学会的学生"再看一遍视频"。这很难解决问题。

著名的精通式学习研究者托马斯·古斯基（Thomas Guskey）这样说：

> 高质量的纠正教学与"重教"不同，后者通常只是大声而缓慢地重复最初的解释。相反，精通式学习的教师使用纠正式教学方法，以适应学生学习风格、学习模式或智力类型的差异。

虽然关于使用学习风格作为一种教学方式存在一些争论，但前提是我们需要找到与最初教授那个概念不同的重新教授的方法。

那么，你如何帮助那些第一次尝试没有学会的学生呢？好消息是补习不是搞火箭科学。下面的建议相当容易实施。

召集辅导小组

这是我的首选方案。当我在教室里巡回走动时，我一直在观察学生，形成性地评价他们对知识的掌握情况。当我看到有些学生在同一概念上挣扎时，我立即召集一个小组。

例如，我最近注意到我的化学课上有四个学生在解决化学计量问题时遇到困难。他们在不同的小组中学习，所以我请他们来到我指定的一张桌子前。我递给他们每个人一个干擦记号笔，在桌子的白板表面写字，然后就这个主题做了一个小组辅导。我让他们开始解题，看看他们卡在哪里。当我看着他们解题时，我意识到他们实际上并非在化学计量上挣扎，而是对写出化学反应有误解。因此，我开始对化学反应做出新的解释。

然后，我离开他们，去帮助其他学生。我是故意这样做的，因为我想看看他们能否自己解决这个问题。当我回去检查他们的进展时，我发现了一个小错误并改正了它。然后我让四个学生独立做另一道题。有趣的是，在这些学生结成小组学习之前，他们并不是真正的朋友。但这样共同克服困难，使他们走到了一起，现在他们不仅在课堂上一起学习，而且成了朋友。

我班上曾有一个交互式白板，用作学生的协作工作站。然而，我没有把它放在教室的前面，相反，我把它放在教室的侧边，这样学生就可以使用在线工具一起学习。这在我的地质课上特别有用，在那里，图像、地图和搜索引擎真能帮助学生理解。

也许有一天，所有的教室都会有交互式白板课桌，来促进这种协作，但如果你的学生都有平板电脑或其他移动设备，他们仍然可以在数字白板上实时协作，比如谷歌的Jamboard。我发现远程教学时这种练习尤其有用。对于面对面的教学，我宁愿使用老式白板，学生用记号笔写字。模拟系统提供更多的触觉体验。我甚至把我的黑色实验室桌子改造成书写表面，用粉笔和记号笔写字。在进行总结性评价时，有几个学生通常会在桌子上写字，然后叫我过来检查他们的答案。

问题辅导小组的另一个好处是，这带来更高效的时间管理。如果我能同时帮助四个学生，我就不需要单独对他们进行辅导，这就为我省出时间给其他学生辅导。如果你的班级规模很大，很难单独辅导每个学生，这一点尤为重要。

提供个别辅导

也许最好的补习方法是通过个人辅导。但如果你班上有30名或更多的学生，这有时很难做到。然而，事实是，我的一些学生需要我在课堂上单独辅导他们。

我建议你积极主动地进行个别辅导。我不会等学生问我问题。相反，我爱管闲事，我不断地从他们的肩膀上看下去。如果我看到他们犯了错误或注意到误解正在形成中，我会立即解决这些问题。

让学生辅导学生

精通式学习课堂的另一个优点是，领先于同学的学生可以帮助他们的同学。在我的教室里总是发生这样的事情：当一个学生学会了新的东西，但他们的朋友却还在挣扎时，他们就会跳出来帮忙。我们都知道，当你教别人东西时，这巩固了你自己的学习。但从被辅导学生的角度来看，这里还有另一个重要的益处：作为学生可能会有不同的教学方式，他们的方式可能比我这个教师对这个主题的教学方式更适合学生。这里有一个警告：我不会把这作为一个要求，因为我不想给领先的学生增加额外的工作。但如果学生愿意以这种方式提供帮助，一定要让他们去做。

另一个创造性的方法是让年长的学生帮助年幼的学生。当我在科罗拉多州伍德兰公园高中教书时，我前一年化学课的尖子生可以报名成为我今年班级的实验助理。因此，他们会布置实验，根据需要帮助学生。当亚伦·萨姆斯和我开始实施翻转—精通式教学时，我们意识到这些学生是有潜力的。这种方法非常有效。我们决定招募学生，明确的目的是让他们在课堂上帮忙。在那些我们有学生助教的教室里，我们见证了学生对知识掌握能力的飞跃。课堂上哪怕仅有一个人帮忙，就会有很大的不同。今年，我招募了大学先修化学课的学生来我的初级化学班辅导学生。当这些学生来到我的课堂时，互动方式发生了变化，学生更倾向于从他们的学长那里寻求帮助。

提供辅助学习材料

还有一些辅助学习材料可以帮助学生理解课程内容。

教师自己制作的视频

在新冠疫情的高峰期，我开发了课程材料，帮助教师远程教学。在那个项目中，我采访了在线学习的专家，其中之一是来自澳大利亚南部的数学教师保罗·亨尼西（Paul Hennessy）。

保罗描述了他如何为他的学生制作辅助视频。这些是超短的视频，解决学生在课堂上遇到的具体问题。他首先考察某一次布置的作业，确定哪些题目可能有问题。然后，他制作一段视频，告诉学生如何解决这个问题。我喜欢把它想象成过肩镜头[①]视频。当我决定制作自己的辅助视频时，我

① 过肩镜头（Over-the-shoulder），是一种实用的拍摄角度，能够将角色置于新的视角中。

问自己，如果某个学生就某个问题向我求助，我会对他说什么。现在无论何时学生需要帮助，都可以观看这些视频，而不需要我现场提供这些信息。

以下是我制作这些视频的八步工作流程：

1.打开在线白板工具。我用的是Google Jamboard。

2.打开屏幕录制软件。我使用Camtasia（https://techsmith.com）。

3.将数位板设备连接到计算机。我用的是Wacom Intuos数位板。

4.一个接一个地录制几个视频。

5.使用Camtasia批渲染视频（选择要同时制作的几个视频）。

6.上传你的视频到Google Drive。

7.将你的视频发布到 Formative（https://formative.com）。

8.将形成性视频链接到学习管理系统。在我的案例中，Brightspace（www.d2l.com）是我的学习管理系统。

其他教师制作的视频

有时学生跟我的视频学习的效果不如跟其他教师的视频学习得好。当我们开始进行翻转学习时，亚伦・萨姆斯和我为我们的化学课分别制作了视频。这些视频涵盖了相同的主题。一天，一个学生走过来对我说，他跟萨姆斯先生的视频学得更好。老实说，一开始我很不安。但后来亚伦的一个学生对我的视频说了同样的话。在我从自我情绪中恢复过来之后，我得出结论，我不在乎学生在哪里学习他们需要学习的东西，我只在乎他们学会了没有。我们的工作是确保学生得到良好的教育，我不必成为学生学习的唯一来源。

新西兰阿什赫斯特小学在这方面做得特别好。同头课（教同级别、同主题）的教师大多制作自己的视频。但由于学校已经完全接受精通式学习，他们有一个简单的分享系统，教师可以很容易地找到同校教师制作的其他视频。然后，教师与学生分享这些视频的链接。

辅助阅读文本

记住，独立空间的学习对象不仅仅是视频，还可以是文本。给学生一系列文本来阅读可以是一种有效的辅助方式。我经常发现，我从教科书中指定的阅读材料对我的学生来说阅读级别太高，所以我寻找更好的解释材料，让需要额外帮助的学生链接到这些阅读材料。我曾使用https://physicsclassroom.com 作为一个阅读源，让学生学习具体的内容。此网站由物理教师为物理学生和教师创建。我建议你找到类似的网站和来源，为学生寻找恰当的阅读材料。

备选习题和作业

为需要额外帮助的学生安排备用的习题和作业将帮助那些学习有困难的学生。我在现有的任务中创建这种习题和作业。在创建习题集时，我编写的问题的数量是我认为必要的问题的两倍。我将作业从易到难构建成支架体系，这样，随着学生一步步推进，习题会越来越难。当我发现学生有困难时，我会进行当场辅导，确认他们现在明白如何正确做这些题。

游戏、模拟和谜题

游戏、模拟和谜题也是学生补习的有效方式。我在“教师互助网”（teacherspayteachers.com）和其他在线平台找到了很好的资源。作为一名科学课教师，我发现模拟是一种特别强大的学习工具。我特别喜欢科罗拉多大学的PhET模拟（https://PhET.colorado.edu），在这个平台，学生能够做虚拟实验，他们可以改变变量，然后马上看到会发生什么。就在下周，我们将做两个电学模拟，让学生看到电荷是如何通过电路流动的。当学习吃力的学生合作做模拟时，效果惊人。

在教案中添加补习计划

最后，是时候添加你的精通式学习单元的最后一部分了：补习计划。与之前的规划决定不同，你不要只选择一种或另一种替代方法，而是要选择几种方法。让我回想一下，我帮助那些没有掌握火山知识的学生的计划包括三个选项：问题辅导小组、个人辅导和替代文本。

图12.1显示了我完成的精通式学习单元教案（火山单元）。

引导问题（一个或多个）

地球上火山活动的类型、原因和影响是什么？

清晰的单元目标/基本问题

- 火山下面隐藏着什么秘密提供了火山如何喷发的线索？（第6.1-6.2课）
- 火山是如何形成的，如何分类？（第6.3-6.6课）
- 是什么决定了火山是否致命？（第6.7课）
- 火山能对地球产生全球性影响吗？（第6.7课）
- 全球火山分布与板块构造有何关系？（第6.8课）

精通式学习量规（任务跟踪器）

课程内容	课程目标	基本理解的证据 "我有点明白了。"	清楚理解的证据 "我明白了。"	更深入理解的证据 "我真的明白了。"
6.1-6.2	火山下面隐藏着什么秘密提供了火山如何喷发的线索？	• 解释圣海伦火山喷发的原因。 • 解释岩浆的黏度如何帮助识别火山将如何喷发。	• 比较和对比不同类型岩浆的二氧化硅含量、黏度和爆炸性。 • 推断决定火山喷发爆发力的岩浆的最重要成分。	• 设计一个模拟火山黏性流动的实验，并说明火山是如何爆发的。 • 使用葡萄干、醋和小苏打模拟被困的气体对岩浆爆炸性的影响以及岩浆中固体颗粒的行为。

（续表）

课程内容	课程目标	基本理解的证据 “我有点明白了。”	清楚理解的证据 “我明白了。”	更深入理解的证据 “我真的明白了。”
6.3-6.6	火山是如何形成的，如何分类？	• 简述火山的三种主要类型，并解释每种类型是如何形成的。 • 解释火山的类型如何决定其喷发方式。 • 对三种主要类型的火山分别举出至少两个例子。	• 解释岩浆类型与将要发生的喷发类型之间的关系。 • 解释火山的坡度如何指示出形成火山的火成岩的类型。	• 将鲍恩反应序列与形成的火山类型联系起来。 • 选择一座火山。解释它独特的地质条件以及是什么导致它以这样的方式形成或喷发。
6.7	是什么决定了火山是否致命？ 火山能对地球产生全球性影响吗？	• 列出火山造成的八种危害。 • 列举至少四种火山对整个地球的影响。 • 解释火山爆发指数（VEI）并对比三种不同类型的火山爆发。	• 解释火山的八种不同危害。选择一个你认为最具破坏性的。用证据支持你的选择。 • 选择你认为破坏性最小的危害。用三到四段的论述来支持你的观点。	• 以第一人称写一篇记叙文，讲述一次火山大爆发的经历。 • 或制作一段视频，描述你认为火山对世界构成的最大威胁。用证据支持你的选择。 • 或写一篇简短的记叙文，描述如果黄石超级火山爆发会是什么样。
6.8	全球火山分布与板块构造有何关系？	• 画出火圈图，并讨论这与一些火山的形成有何关系。 • 确定地震和火山活动的全球模式。	• 对比热点火山和俯冲带火山，并解释它们各自的成因。	• 完成一个模拟项目，展示热点火山如何在数百万年内形成一系列火山。

总结性评价计划

> • 在三种不同的总结性评价中，学生将选择参加一种或多种——可以获得基本的、清晰的或更深入的理解。他们通过的最高级别决定了他们的成绩。
> • 学生无论选择哪种考试，都必须至少得80分。
> • 如果学生选择更深入理解的评价，他们必须找我完成一个五分钟的当面评价，我会在评价中检查学生是否真正地深入理解了。这次谈话的焦点是以下问题：地球上火山活动的类型、原因和影响是什么？

前测计划

> 本单元不需要。

火山教学计划

课程内容	课程目标	独立空间学习对象	群体空间学习对象	形成性评价工具
6.1–6.2	火山下面隐藏着什么秘密提供了火山如何喷发的线索?	视频6.1：圣海伦山的故事 视频6.2：溢流还是爆炸? 视频图像式思考辅助工具（每个视频都配有）或课本第6.1–6.2节	熔岩流模拟实验 6.1–6.2 提问清单	当面评价：微对话
6.3–6.6	火山是如何形成的，如何分类?	视频6.3：剖析火山 视频6.4：盾状火山 视频6.5：复合火山 视频6.6：火山渣锥 视频信息组织图（每个视频都配有）或课本第6.3–6.6节	2次 虚拟现实火山活动 6.3–6.6 提问清单	当面评价：微对话
6.7	是什么决定了火山是否致命? 火山能对地球产生全球性影响吗?	视频6.7：火山灾害 视频信息组织图 或课本第6.7节	圣海伦山毁灭实验分析 6.7 提问清单	当面评价：微对话
6.8	全球火山分布与板块构造有何关系?	视频6.8：板块构造和火山 视频信息组织图 或课本第6.8节	绘制全球火山活动图 6.8 提问清单	当面评价：微对话

补习计划

对没有掌握火山主题的学生的支持： • 问题辅导小组 • 个别辅导 • 替代文本

图12.1　乔纳森火山单元完成的教案

第三部分

精通式学习的课堂实践

第13章

精通式课堂的教学流程

精通式学习之旅你已经走了这么远。你的教室已布置就绪，你已创建了所有的评估和学习对象，你还有补习计划。

但作为精通式学习的实践者，你每天都需要做些什么呢？这个超短的章节呈现了精通式课堂的总体情形。图13.1展示了我一天的教学工作流程。

图13.1 每日教学工作流程

课前准备

准备是开启精通式课堂的关键。上课前，你需要确保所有活动都准备就绪。对我来说，作为一个科学课教师，这意味着我需要准备多个实验。我面临的一个问题是，我在同一个教室里教三门独立的课程，所以我需要能够快速置换活动和实验。我发现把这些实验用品放置在大塑料桶里效果最好。我训练我的学生在完成任务后把所有东西放回大塑料桶，这样当不同的班级进来时，我们就可以轻松地开始不同的活动。

此外，检查学生在课程中的位置至关重要。有些人可能需要观看视频，有些人可能需要做活动任务，还有一些人可能需要进行总结性评价。查看我的纸质电子表格，有助于确保我安排了正确的教学用品。

开始上课：分流

当医疗专业人员遇到紧急情况时，他们必须迅速判断谁需要最多的帮助，哪一个病例最严重。他们称之为分流（triage）。为此，前五分钟是精通式学习课程中最重要的五分钟，因为我必须先找到最需要指导的学生。

我的一个典型导入听起来可能是这样的：

> 记住，到本周末，每个人都应该掌握到目标3.3。实验1大约需要30分钟，实验2大约需要45分钟。你要确保在周五之前把这件事做完。如果你正在进行总结性评价，我会马上给你密码。如果你在做实验1，你需要五分钟后在1号站见我。如果你正在做实验2，实验说明很清楚，你可以马上开始，不需要我在场。

有效利用分流时间的关键是让学生开始做他们的下一项任务。这特别重要，因为如果每个学生都要等我来指导他们，我们会浪费很多时间。

在导入之后，我尤其要在教室里四处走走，与每个学生或一组学生简短地交谈，确保他们清楚自己在这个课时应该做什么。对于那些更能自主学习的学生，我通常会问他们那天要做什么。对于那些需要更多指导的学生，我的指导会多得多。例如，如果我有一个患有注意缺陷与多动障碍（ADHD）的学生，我通常会在分流时首先探访这位学生，明确他知道自己需要做什么。如果我不让这些学生马上开始学习，当我15分钟后看到他们时，他们通常还没有开始做任何事情。

在教室巡回走动

我大部分时间都在教室里巡回走动，与学生互动。在巡回走动过程中会发生什么因每个学生或学生小组而异。但这里向你介绍一下总体情形，你应该做以下一些或全部事项：

- 帮助学习概念有困难的学生
- 对小组进行指导
- 进行形成性掌握程度检查
- 让学生开始总结性评价
- 检查总结性评价
- 提出问题
- 倾听学生，开始学习过程
- 挑战学生，深入探究课程内容
- 给未达到精通程度的学生补习
- 和学生建立个人联系

对我来说，精通式学习的魔力就发生在我巡回走动时。我真的不是讲台上的圣人。相反，我充当学生的学习教练。这段巡回走动的时间就是我做这件事的原因。这就是为什么我花额外的时间来构建我的精通式课堂。经过30多年的教育生涯，我发现没有什么比花时间与学生互动，看到他们学习、进步、保持好奇心、茁壮成长更棒的了！

下课前的反思

接近下课时，学生停止他们正在做的事情，花一些时间反思。我将手机闹铃设为离下课还有五分钟。学生明白这个铃声；他们知道是时候反思他们所学到的东西，并考虑他们精通式学习之旅的下一步学习任务了。

第14章

优秀学生的管理

当本杰明·布鲁姆开始研究精通式学习时，他承认这种方法需要大量时间，因为需要给一些学生补习。他接着回答了随之而来的下一个问题：当需要补习的学生正在进行补习时，不需要补习的学生应该做什么？布鲁姆建议教师设计拓展活动或精选使用他人的拓展活动。他的流程图类似于图14.1所示。

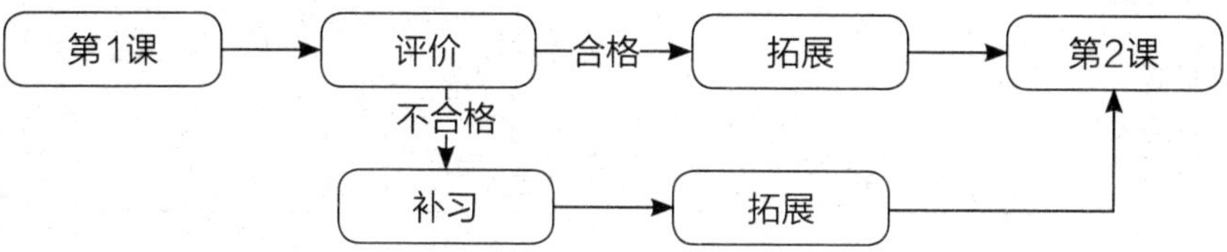

图14.1　拓展精通式学习

在精通式学习量规“我真的明白了”一栏中，我为通过初始测试的学生创建了高级主题。这些学生继续学习高级主题，而那些需要更多时间的学生继续努力掌握核心目标。

当然，承蒙精通式学习专家允许，本书也提供其他方法来挑战成绩优异的学生。现在让我们看看其中的一些方法。

申报辅修和主修主题

哈桑是纽约市八年级的科学课教师，他创建了一个学生选择辅修和主修的系统。他设计学习周期，然后那些领先的学生选择在自己更感兴趣的领域进一步学习。

在第一学期，学生必须掌握几个基本主题。在第一学期结束时，领先的学生需要选择一个辅修领域。如图14.2所示，有五个必修的学习领域和三个辅修选项。

必修学习周期

简单遗传	2个周期
DNA结构	1个周期
DNA指纹图谱	1个周期
蛋白质合成与突变	2个周期
遗传疾病项目	1个周期

DNA进阶辅修可选学习周期（选择一个）

癌症	1个周期
基因改造	1个周期
克隆	1个周期

图14.2　哈桑·威尔逊的辅修系统（第一学期）

请注意，辅修的选项是一组精选的主题：癌症、基因改造和克隆。哈桑创建了三个不同的可选学习周期，学生可以从中选择。这显然需要额外的工作。

在第二学期，哈桑将游戏升级，让他的所有学生都申报主修主题。图14.3显示了这四个主修主题。

学生在学年结束前两个月左右选择主修主题。图14.3中括号内的数字表示该主题的学习周期数量。因此，如果学生选择人体进阶主修主题，他们将完成一个关于人体复习、内分泌、神经和猪解剖的学习周期。因为每个周期长达两周，学生需要大约八周的时间来完成主修主题所要求的一切任务。有些周期（标有星号）包含更复杂的挑战，有些周期（标有加号）需要更高级的数学技能。哈桑使用这些代码来帮助学生选择适合他们能力和兴趣的主修主题。有些学生选择两个甚至三个主修主题。这些学生喜欢探索自己感兴趣的话题，他们从他的课堂上学到尽可能多的东西。

从以下选项中选择一个主修主题，并完成相关必修学习周期。

主修主题	必修学习周期			
遗传进阶	复合遗传+（1个周期）	伴性遗传+（1个周期）	家系+（1个周期）	自然与培育+（1个周期）
进化进阶	协同进化（1个周期）	人类进化（2个周期）		进化证据（1个周期）
人体进阶	人体复习（1个周期）	内分泌（1个周期）	神经（1个周期）	猪解剖（1个周期）
进化遗传学进阶	卡方与进化+（1个周期）	遗传平衡定律*（2个周期）		适应度和选择+（1个周期）

图14.3　哈桑·威尔逊的主修主题系统（第二学期）

哈桑为每个主题或单元创建了一个工作簿。然后学生独立或小组学习，逐渐掌握他们选择的主修或辅修主题的材料。每个学习周期都有学生继续学习下一个周期必须达到的期望和基准。学生必须与哈桑会面进行掌握程度检查，这样他就能及时了解学生对知识的掌握程度。

当我在自己的课堂上思考这种模式时，我意识到我必须创造近一年半的内容，才能给学生带来有意义的辅修和主修主题的选择。如果你刚刚开始精通式学习，你可能不想马上开发这些主题。仅仅是让一个精通式学习项目开始运行就是一项浩大的工作了。

A选项

科学课教师鲍勃·弗隆有一个更简单的方法来挑战领先的学生。所有的学生都一步步学完学习周期。如果这些优秀的学生表现出对知识的极佳掌握能力，他们就能获得最高成绩B。如果学生想要A，他们必须选择“A选项”。

例如，在一个生物化学单元中，A选项是设计一个对照实验，显示变量如何影响酶活性。学生必须设计实验，获得批准，进行实验，并报告他们的结果。圆满完成任务的学生在该学习周期的成绩提高10%。

网格法

你还可以使用Teach Better（www.TeachBetter.com）团队开发的网格法组织精通式学习。在这个方法中，教师不使用布鲁姆的分类法，而是使用韦伯的知识深度（DOK）框架来安排活动。这与精通式学习量规相似。

让我们看两个由两位专家教师开发的网格示例。请注意，它们从认知水平较低的活动开始，然后逐渐上升到较高的水平，所以从下往上阅读。

表14.1显示了三年级教师汉娜·柯伦开发的数学网格。网格显示了四个级别，第1级是“定义和记忆”级别，而第4级是“调查与探索”级别。每个级别都有一个清晰的目标，汉娜用这个术语来指代她的基本问题。例如，第2级的目标是“我能理解乘法的概念”。每个级别还包括需要完成的活动以及评价信息。请注意，Freckle是一个在线数学评估工具，Seesaw是一个流行的访问数字内容的软件工具。

霍莉系统的一个示范性特点是，并非所有的学生都从1A级开始。霍莉以前测开始每个单元（学习周期），然后将每个学生安排到网格上的适当级

表14.1　汉娜·柯伦的三年级学生乘法运算精通式网格

从以下选项中选择一个主修主题，并完成相关必修学习周期。				
第4级：调查与探索 **目标：**我能运用我对乘法的理解来解决复杂的问题。	**4A：乐高底板项目** **需要：**乐高底板 **网站：**谷歌教室（Google Classroom） **评估：**项目量规和课堂演示			
第3级：应用于现实世界中 **目标：**我能通过应用题和探索将我对乘法的理解应用到现实世界中。	**3A：应用题** **需要：**设备 **网站：**学生用书第44–45页	**3B：海景问题** **需要：**设备 **网站：**Seesaw	**3C：Windows问题** **需要：**设备，桥梁学生练习册 **活动：**学生用书 P.55	**3B：评价**
第2级：应用和演示 **目标：**我能理解乘法的概念。 我能用实物和画图展示乘法运算。	**2A：了解“几组”** **需要：**设备 **网站：**Freckle 乘法运算第2级，任务1 - 3	**2B：理解重复相加和跳跃式计数** **需要：**设备 **网站：**Freckle 观看视频1 观看视频2	**2C：理解阵列** **需要：**设备、纸张/铅笔 **网站：**Seesaw/学生用书第42–43页	**2D：评价**
第1级：定义和记忆 **目标：**我能更流畅地背诵乘法口诀。	**1A：练习背诵口诀** **需要：**设备 **网站：**Freckle 乘法任务1–2	**1B：练习背诵口诀** **需要：**设备 **网址：**www.timestables.com **评估：**各级别口诀的结课小测	**1C：圆环和分组** **需求：**设备/数字工作平台 **评估：**课程结束时的小测或工作平台题目的纸质版	**1D：评价**
第1级：定义和记忆 **目标：**我能更流畅地背诵乘法口诀。	**乘法任务：**乘法第1级 **评估：**监督Freckle进展			g.7 10x10 **以内乘法口诀** G.12 12x12 **以内乘法口诀**

别。有些人从第1级开始，有些人可以从第3级开始。她的学习周期通常为两到三周。在学习周期中，根据学生取得的进步，而不是他们进步到的那个级别来评分。在下一章中，我们将看到霍莉如何将进步转化为成绩。

待实现的目标

如果增加拓展活动对你来说任务过于艰巨，我当然理解。在我教学的头两年里，我根本无法为我的学生提供许多拓展活动。

我们刚刚看到的拓展活动是由采用精通式教学法多年的教师开发的。一旦你实施了精通式学习，就把这些活动当作待实现的目标。实际上，我们总是可以改进。所以从现在起，就把这件事放在你一两年之内的待办事项清单上吧。

表14.2显示了中学科学课教师霍莉·斯图尔特开发的网格。再说一次，从底部开始阅读。

表14.2　霍莉·斯图尔特的中学生科学课精通式网格

<table>
<tr><td colspan="6">主题：牛顿运动定律　　　　　　开始日期＿＿＿＿＿＿
学习表现指标：对物体质量和惯性概念（牛顿第一定律）之间的关系进行解释。对数据进行分析和解释，支持这样一种主张：对于施加在物体上的每一个力，都会有一个相等的反向力（牛顿第三定律）。
词汇：惯性，趋势，性质，牛顿第一定律，惯性定律，牛顿第三定律，作用/反作用定律，作用力，反作用力，对等
课本页码：第一章（力），第五课（牛顿运动定律），第30-37页</td></tr>
<tr><td>**第5级：**
独立探索
目标
我能设计一个研究来模拟动量和牛顿第一运动定律之间的关系。</td><td colspan="4">5A
设计一个模型。</td><td>第5级掌握程度：
回答一个掌握程度问题。</td></tr>
<tr><td>**第4级：**
扩展思维
目标
我能从日常生活的例子中分析现实世界中的多个力对。</td><td colspan="2">4A
标记多个力对。</td><td colspan="2">4B
多力对运动建模和分析。</td><td>第4级掌握程度：
回答两个掌握程度问题。</td></tr>
<tr><td>**第3级：**
策略性思维
目标
我能解释牛顿三大定律如何适用于我的日常生活。</td><td colspan="2">3A
读写任务：指示和文章</td><td>3B
读写任务：
信息组织图</td><td colspan="2">3C
读写任务：
三个段落</td></tr>
<tr><td>**第2级：**
技能/概念
目标
我能把运动的实例划分为牛顿第一、第二或第三运动定律。</td><td>2A
快速实验：什么改变运动?</td><td>2B
快速实验：转转转</td><td>2C
快速实验：
牛顿第二定律</td><td>2D
牛顿第三定律是什么?</td><td>第2级掌握程度：
回答三个掌握程度问题。</td></tr>
<tr><td>**第1级：记忆**
目标
我能定义牛顿三大运动定律。</td><td>1A
突出显示笔记材料，完成图解。</td><td>1B
对战火箭①</td><td>1C
词汇抽认卡</td><td>1D
牛顿定律折纸</td><td>第1级掌握程度：
回答四个掌握程度问题。</td></tr>
</table>

① 对战火箭（Stomp Rockets）又称飞天火箭，是一种户外儿童玩具。

第15章

为精通式学习评分

对于评分，我是又爱又恨。在我从教30多年的生涯里，我从采用传统方法评分（分配分值，然后计算百分比）转变为相信基于标准的评分。我记得在我职业生涯的早期，有一次我拒绝了一个学生对分数向上取整的要求。这个学生的平均成绩为89.4，他希望我能多给与字母等级A所差的0.6分。我告诉他不行，他没有得到那个分数，我很抱歉。但老实说，我的评分系统有那么精确吗？我真的知道他们已经学会了89.4%的内容吗？不会吧！

当我开始翻转课堂时，我开始每天与学生进行更多的互动。我开始更好地了解他们脑子里在想什么，更好地掌握他们知道什么，不知道什么。然后，当我开始使用精通式学习时，我真正开始质疑我为什么要这样评分。现在我真的知道我的学生脑子里在想什么，我真的知道他们知道什么，不知道什么。现在，我感到被传统评分系统所束缚（我不得不在其中工作）。大多数人认为他们明白字母等级A和F代表什么，但他们真懂吗？

在本章后面，你会看到一些教师的方法，他们在传统的评分系统中工作，但创造出方法进行精通式评价。同时，我们也会看一些采用精通式学习的学校如何改变他们的评分方式。

十多年前，加利福尼亚州洛杉矶的朝圣者学校（Pilgrim School）确定了他们学校的八个核心价值观，其中之一是："学习者在安全和激励的环境中成长，在这种环境中，从错误中成长的机会受到重视。”然而，当他们检查自己的一些做法，特别是那些与评分有关的做法时，他们意识到他们的制度实际上是在惩罚学生的错误。因此，学校计划彻底改革他们的评分方式。朝圣者学校的教师仍然给出字母等级分数，但是这些字母等级与掌握程度的标准相互关联。学校正在逐步采用完全的精通式成绩单，更真实地显示学生对知识的掌握程度。当我与朝圣者学校的首席学习官帕特里夏·罗素（Patricia Russell）交谈时，学校通过解决有争议的评分问题来推动精通式学习的工作，给我留下深刻的印象。

尽管我们大多数人，包括我在内，都在使用传统评分系统的学校里工作，但我们仍然可以调整我们的评分系统，来更好地配合精通式学习。在研究如何做到这一点时，我们将关注三个关键问题：使用形成性评价时如何评分，如何给总结性评价评分，以及如何利用传统系统，使其更好地满足学生的需求。

如何为形成性评价评分

伊利诺伊州四年级教师娜塔莉·维克托罗夫通常使用10个问题的测验作为形成性评价的基础。她希望学生至少得到70%的分数来证明掌握了课程内容。如果一些学生没有达到这个分数，娜塔莉会为他们补习，然后要求他们重新参加类似的评价。这些学生中的绝大多数都通过了第二次尝试。如果一个学生在第一次尝试中得分很低，例如20分，她会重点关注该学生，进行更有针对性的辅导。

高中科学课教师鲍勃·弗隆为每个目标创建了三个形成性评价方法。他称这些方法为目标练习（target practices）或“TPs”。和娜塔莉的学生一样，鲍勃的学生必须至少得到70%的分数。一个电算化系统辅助他评分，如果学生第三次尝试没有通过，该程序会提示鲍勃，此时他会介入，对该名学生进行额外的辅导。鲍勃注意到，实际上，许多在第二次尝试没有通过目标练习的学生会向他寻求帮助，以避免额外的辅导时间。

澳大利亚科学课教师梅琳达·梅斯特雷也希望学生能以70分的最低分数通过所有的形成性评价。但是她还有一些回旋的余地。如果她看到一个错误的认识方式，她就解决这些错误认识，然后让学生回去重做相关的作业或问题。如果他们做对了，那就算掌握了。

澳大利亚数学教师史蒂夫·克拉普内尔使用五个问题的测验作为形成性评价。他希望学生至少得到80%的分数，才算及格（五道题中有四道正确）。那些没有通过的人必须做“纠正题”——也就是说，在接受某种形式的补习后，他们必须回去重做测验题。他们还必须解释他们所做回答的理由。

我的形成性评价工具并没有那么严格，我没有设定学生必得的百分比分数，而是用我的专业判断来确定学生是否掌握了一个目标。这几乎总是通过我和学生的微对话来实现。如果他们没有达到某个目标的掌握标准（如我脑海中所定义的），那么他们就不会获得掌握这个目标的学分。我知道这听起来很不稳定，但在我职业生涯的这个阶段，我知道什么时候我看到了掌握，什么时候我没有。

你可能会问，形成性评价成绩是否应该成为学生总评成绩的一部分。从理念上讲，我反对这样做。因为我认为，学生什么时候掌握材料应该是无关紧要的。尽管如此，我确实会给这些评价打分，因为我发现在评价中增加不多的分数会鼓励学生参加评价。很快，我们将探讨评分系统，在这里你可以决定你想要给你的形成性评价多少权重。

如何为总结性评价评分

我采访的绝大多数专家都规定了他们希望学生在总结性评价中达到的最低分数，以便继续学习下一个主题。鲍勃·弗隆每个学习周期只出一个总结性评价。他的学生不能重考，但他们应该改正所有的错误。凯蒂·拉尼尔是得克萨斯州的一名高中物理教师，她创建了三种不同的总结性评价。学生最多可以参加三次考试，然后取他们的最高分。

你可能需要改变你期望学生证明掌握能力的最低百分比。例如，如果你想让一个小学生学会（掌握）安全地走过人行横道，80分是不够的。所以你可能需要调整你要求的掌握程度，这取决于学习的单元内容。

这很可能是理想的情况，但我的经验告诉我，我的学生需要一些前后一致的规则来遵循。

因为我所在的学校成绩优异，遵循传统的评分方法，而且所有的分数都必须有一个百分比，所以我选择了80分作为证明掌握的分数。我发现这个分数代表了对我的课程内容掌握的合理水平。然而，当我在一所成绩优异的学生较少的农村学校教书时，我的及格分数是75分。同样，这个数字有点任意。但有一件事是肯定的：当我与学生的父母分享这个规则时，他们非常激动。对话通常是这样的：

我：要想通过这门课，你的孩子必须在每次主要评估中至少得到80%的分数。

家长：听起来很棒，但如果我的孩子没有达到80%怎么办？

我：你是否曾经坐在课堂上，却一头雾水？我是说真的不知所云。如果我告诉你，我们班没有人会失败呢？

家长：所以你是在告诉我，你相信我的孩子会真正学会内容并通过每一次评估？

我：是的。做你孩子的化学教师是我的工作。我能让我的每个学生都学会。我会和他们每个人一起学习，直到他们掌握了内容。

家长：但是如果他们需要一段时间才能学会呢？如果他们在一次测试中试了三次才达到80%呢？他们会受到惩罚吗？

我：不会。学生不应该因为比别人晚学会课程内容而受到惩罚。我不在乎他们什么时候学会，我在乎的是他们学会。

这些对话几乎总是以父母表达感激而结束。他们意识到我不是来找他们的孩子毛病的，我在这里是为了确保孩子们学会。

在传统评分体系中创新

为精通式学习评分的教师已经找到了玩转传统评分体系的方法，尽管有环境的限制，他们也能让精通式学习发挥作用。当然，精通式学习在一定程度上增加了传统评分系统的复杂性，因为学生在不同的时间会处于评价的不同位置。你怎么解释这一点呢？应对这一挑战的最佳方法是看看我们的精通式教师已经采取的一些方法。

用自己认为合适的方式评分

也许与我们中的许多人不同，科学教师鲍勃·弗隆有完全的评分自由，他可以采用自己认为合适的方式。他的一门课程有十个单元，每个单元由三到五节课组成，每节课都有几个活动，他根据这些活动给学生评分。例如，看一段视频得2分，而他的目标练习（涵盖三到四天课程内容的定期测验）是10分。在每次目标练习中，学生必须至少获得7分（满分10分）。学生在掌握了某一单元的所有目标后，进行总结性评价。在他的系统中，学生只能进行一次总结性评价。他要求分数不到70%的学生进行考试更正。

在单元结束时，如果学生在所有活动和目标实践中获得满意的分数，他们将获得90分，在鲍勃的评分量表中，这是最高成绩B。这表明掌握了内容。你可能还记得鲍勃提供了A选项，该选项使想要超越的学生能够完成更高阶的任务，从而显示出更强的掌握能力。这项额外的任务占他们总成绩的10%，如果他们完成得让鲍勃满意，就会为他们赢得字母等级A。

事先确定评分框架

梅琳达·梅斯特雷是澳大利亚新南威尔士州的一名科学和化学教师。美国和澳大利亚学校之间的一个巨大区别是，后者正在为学生准备大学入学考试，该考试决定学生将能上哪一所大学。学生在最后一年结束时参加这个至关重要的考试，所以大部分学校教育都是为了让学生为考试做好准备。梅林达任教的学校既使用州课程（新南威尔士教育局），也使用国际中学毕业会考（International Baccalaureate，IB）中学项目课程（针对11—16岁的学生）和大学预科项目课程（针对16—19岁的学生）。

IB中学项目课程是评估州课程的框架。虽然我不会详细介绍该项目的评分系统，只要说它遵循7分制就足够了。各科目有四个标准：分析、组织、生成文本和使用语言。每年评估两次，每个标准的最高成绩为8分。如果学生在四个标准中每一个都得了8分，他们就会得到32分，这将被转换为IB 7分制中的最高分——7分。

在梅琳达的班级里，学生在学期过程中完成一系列形成性评价，她以同样的方式给这些任务打分。如果学生在总结性评价中的分数低于形成性评价的预期分数，梅琳达可以选择调整学生的最终成绩。例如，如果一个学生在标准A总结性测试中得了6分，但她有证据表明该学生达到了7分，她可以忽略他的总结性成绩，给该生这个标准打7分。

当梅琳达教11年级和12年级学生时，情况有所不同。鉴于K－12学校教育结束时，总结性成绩是至关重要的。她必须在一年中及时和准确地向学生提供反馈，这样他们在至关重要的考试中就不会感到慌张。

总结性评价就是最终成绩

在澳大利亚布里斯班的史蒂夫·克拉普内尔高中，10年级（14岁和15岁）以前（含），学生的总评成绩由每年三次考试决定。这些考试基于澳大利亚课程、评估和报告管理局[①]（Australian Curriculum, Assessment and Reporting Authority, ACARA）设计的课程。学生只有一次机会参加这些考试，考试在特定的日期进行。

在学期内，所有其他成绩都被视为形成性评价。由于学生知道他们的总成绩将由至关重要的评价决定，他们有动力在形成性评价活动中做得很好，因为这些活动为那些测试做了很好的准备。史蒂夫以传统的方式跟踪学生的进步，在学生信息系统内张贴所有形成性评价的学生成绩。

史蒂夫仍然允许学生回去纠正他们没有掌握的作业，这是精通式课堂的典型做法。但最终他正在让他的学生为大型外部总结性评价做好准备。他的学生在这些评价中表现异常出色，他将这些成功很大程度上归功于精通式学习。

我的混合评分系统

在我的学校，我们被限制在百分比评分系统中，所以无论我如何评分，我最终都必须给每个学生一个数字。表15.1所示的系统代表了我作为精通式教师前七年的评分方式。我认为这个版本是传统评分和基于标准的评分的混合体。我们学校的科学部要求我们使用加权评分系统评分，即主要评估占50%，实验占30%，平时作业占20%。

① 澳大利亚课程、评估和报告管理局（ACARA）是法定的独立机构，负责制定支持澳大利亚学生学习的国家课程、国家评估计划和国家数据收集及报告计划。原文采用简写形式 Australian Curriculum and Reporting Authority。

表15.1　班级成绩报告样本：乔纳森的混合版本

姓名	第2季度每周成绩	2.8	2.9	3.1	3.2	3.3	3.4	3.5	3.6	3.7	4.1	4.2	4.3	4.4	4.5
总分	112	8	8	8	8	8	8	8	8	8	8	8	8	8	8
亚伯拉罕·林肯	79%	8	8	8	8	8	8	8	8	8	8	8	0	0	0
萨姆·休斯顿	100%	8	8	8	8	8	8	8	8	8	8	8	8	8	8
玛雅·安杰卢	100%	8	8	8	8	8	8	8	8	8	8	8	8	8	8
阿瑟·阿什	79%	8	8	8	8	8	8	8	8	8	8	8	0	0	0
凯特·布兰切特	86%	8	8	8	8	8	8	8	8	8	8	8	8	0	0
塞萨尔·查韦斯	100%	8	8	8	8	8	8	8	8	8	8	8	8	8	8
埃米利奥·埃斯特维兹	100%	8	8	8	8	8	8	8	8	8	8	8	8	8	8
弗里达·卡罗	100%	8	8	8	8	8	8	8	8	8	8	8	8	8	8
哈里森·福特	64%	8	8	0	8	8	0	8	8	0	8	8	8	0	0
露西尔·波尔	100%	8	8	8	8	8	8	8	8	8	8	8	8	8	8
圣雄甘地	100%	8	8	8	8	8	8	8	8	8	8	8	8	8	8
玛丽·居里	64%	8	8	8	8	8	8	8	8	8	0	0	0	0	0
小马丁·路德·金	100%	8	8	8	8	8	8	8	8	8	8	8	8	8	8
特雷莎修女	100%	8	8	8	8	8	8	8	8	8	8	8	8	8	8
教皇约翰·保罗二世	86%	8	8	8	8	8	8	8	8	8	8	8	8	0	0
鲁伯特·默多克	100%	8	8	8	8	8	8	8	8	8	8	8	8	8	8
史蒂夫·欧文	100%	8	8	8	8	8	8	8	8	8	8	8	8	8	8

在平时作业方面（占学生成绩的20%），我发给学生单元作业包，学生通过这些作业来证明掌握情况。这些单元由独立的任务组成，通常包含预习视频或文本加上一组书面问题。这些任务包还包含了我的科学课上适用的所有活动，通常是要做的实验。每周，我都会通知全班同学在周末之前需要完成的任务。我用一个简单的写字夹板勾选每个任务。学生要么得到一个勾选标记，这能让他们得8分，要么得到一个空框，相当于0分。在周

末，我将学生完成的所有任务加起来，并给他们自评分期开始以来掌握的所有任务打一个累积分数。电子表格决定了学生的周成绩，这就是他们的累积成绩，你可以在图15.1的第一栏看到。

“哈里森·福特”跳过了几个任务。其他学生，比如我们的“亚伯拉罕·林肯”，落后几个任务。“居里夫人”也符合这一特征。在接下来的一周，他们将需要完成额外的任务。例如，如果玛丽·居里想获得那一周100%的分数，除了完成新任务，她也必须证明她掌握了上周错过的任务。

请注意，这个电子表格代表了学生总成绩的20%。此外，实验占30%。我要求实验分数低于8分的学生重做实验，直到他们达到（精通）分数。

如你所知，总结性评价占总成绩的50%。在为期九周的评分期内，我通常有三次主要评价，学生必须至少获得80分。如果学生落后了，我会暂时在成绩簿上打零分。即使他们只是尝试一下，得分低于80，我也会这样做。对于学生通过他们的总结性评价，这是强大的激励。

然后，我让学生信息系统处理学校提出的所有权重问题。最后，学生得到了一个分数。

基于标准的评分

初中和高中科学课教师哈桑·威尔逊在传统的学校环境中使用基于标准的评分系统。每个学期结束时，他必须报告一个字母等级成绩。成绩单上唯一出现的成绩是年终成绩。

除了全年目标之外，每个单元都有具体内容和具体科学技能的学习目标。所有的学习目标都是分层的，这样学生就可以展示不同层次的理解水平，这与布鲁姆的教育目标分类法的不同层次是一致的。在大多数学习目标上，学生可以获得1级（记忆/理解）到4级（创造/评估）的分数。教师通过将学生获得的所有等级的分数相加来计算分数。例如，如果按进度完成一个评分期相当于达到总共10个学习目标，每个目标有四个可能的级别，那么学生可以获得的最高分是40/40（10个学习目标，每个目标都达到4级）。如果学生在10个学习目标中有9个达到了4级（9×4=36分），在10个学习目标中有1个达到了3级（3×1=3分），那么学生的总分为39/40，即97.5%，或根据学校的量表获得A+。

在评分期开始时，哈桑会告知学生需要完成哪些学习目标以及达到哪个级别的掌握程度。这一点很重要，因为每个季度的时间长度不同，有些学习目标可能比其他目标需要更多的时间来完成。此外，哈桑希望学生能够自己计算成绩。

学校成绩报告单的一些结构特点使这个系统更容易实施。只有学生的最终成绩记录在成绩单上，这使哈桑有机会接受迟交和修改过的作业。

事实上，在年底，学生提交一个文件夹。他们可以在其中加入新的证据，证明他们已经掌握了自己之前没有掌握的学习目标。如果他们提供了这种证据，那么他们就能提高年终成绩的分数。

同样，哈桑可以将任何评分期的成绩标记为未完成。这让他能够为学生指定一个提交新证据的截止日期，证明他们已经掌握了特定的学习目标。相对于一个可能迫使他打0分的系统，他更喜欢这个系统。因为众所周知，0分很难改正。

安德鲁·斯旺用他的“我明白了”量规给出A、B或C等级。（他在班上没有评过D或F，因为C等于“我有点明白了”，B等于“我明白了”，A等于“我完全明白了”。）表15.2显示了一个学生如何在三个不同的任务中获得三个不同的成绩。

让我们分析一下这个分数。在任务1中，该学生展示了证据，证明他理解了“我有点明白了”一栏列出的两个项目，因此得到了一个C。该学生跳过了“我明白了”一栏中圈出的项目，在第三栏的项目得到×，因为他从未完成该项目。在任务2中，该学生令人满意地完成了“我明白了”一栏中的两个项目，从而获得了B。在任务3中，该学生完成了三栏中的所有项目，从而获得了A。

最后，安德鲁将课程成绩进行平均，得出总评成绩。从组织管理的角度来看，安德鲁为每个学生打印出评分量规，并随着学生的进步填写内容。他还在纸质电子表格上记录他们的进展，并在上面留出空间填写备注，比如“用了四次才完成”“勉强完成”或“棒极了！”。

在这本书写到最后时，我已经使用这种模式大约六个月了。我对它的进展很满意。它对快速掌握知识的学生和难以掌握知识的学生都有效。今年，学生进入我的课堂时，他们的知识差距很大，这种差距比我职业生涯中的任何一年都大，我认为这是由于疫情，由于这么多人经历的学习缺失。尽管如此，精通式学习使我能够满足每个学生的个人需求。如果采用更传统的方法，这可能会更加困难。

把一切联系起来

也许你和我一样，对评分也是又爱又恨。也许你和我一样，你相信一件事，但是由于你所处的环境，你不得不去实践另一件事。无论如何，我希望你看看上面的场景，找到一种方法来创建一个适合你的环境的评分系统。

表15.2 安德鲁·斯旺的评分量规示例：什么是政府？谁需要它？

	你的任务	基本理解的证据 “我有点明白了。”	清楚理解的证据 “我明白了。”	更深入理解的证据 “我完全明白了。”
C	1. 我能解释为什么所有社区都有某种形式的政府。	☑列出政府帮助社区的三种方式。 ☑理解这些“需要知道的术语”的含义：宪法、自治、共和国、直接民主、法治和公共利益/福利。	□解释为什么所有社区都需要某种形式的政府（包括至少三个“需要知道的术语”）。 ☑反思一下为什么你所在班级的章程会有效或无效（至少提供两个明确的理由）。	☒思考为什么你所在班级的章程会有效或无效（提供两个明确的理由，并包括支持细节，其中至少有一个班级活动和一个历史实例）。
B	2. 我能分析社会契约这个概念。	☑用你自己的话来定义“社会契约”，并举一个真实生活中的实例。 ☑找出三个不同哲学家关于最佳政府形式的观点。	☑解释三位哲学家关于自然权利和人性思想的主要差异。 或 □创作一段三个人物之间的对话，解释关于自然权利和人性的三种哲学思想之间的主要差异。	□就政府和社会契约的最佳形式做出个人判断。 提供至少两个你这样认为的理由（包括支持细节，其中至少有一个课堂活动和一个历史实例）。
A	3. 我能总结《独立宣言》的内容。	☑列出《独立宣言》所有五个部分的主题。 ☑将《独立宣言》的结构与另一份文件进行比较。	☑制作一份“掌上《独立宣言》”，为每一部分写一个独创的适当主题。 ☑用任务3的反思表思考《独立宣言》第二部分传达的信息。	☑从指定的不同角度（例如，约翰·汉考克或阿比盖尔·亚当斯的角度），用与原始文件相同的结构和信息写一份独立宣言。

第 16 章

如何坚持精通式学习不放弃

你可能还记得，我的精通式学习之旅始于一名转学来的学生吉塞拉，她在那一年晚些时候来到我的班上，尽管如此，她还是成功了。但我没有告诉你的是，经过一个学期的精通式学习，我差不多就要放弃了。因为学生进步速度的差异太大，对我来说，使用精通式教学法，在组织管理上似乎难以为继。我甚至去找我的教学伙伴亚伦·萨姆斯，告诉他我认为我继续不下去了。但我们坚持下来了，经过一番交谈和反复试验，我们解决了进度问题。

但进度不是你面临的唯一问题。本章将帮助你应对在实施精通式学习时面临的最常见挑战，并克服这些挑战，使你能够坚持下去。

如何对待落后的学生

让我们从几乎导致我放弃精通式学习的问题开始。在第一年，我们发现大多数学生都跟得上。但在第一学期快结束时，一组学生显然无法掌握所有内容。

这组落后的学生只掌握了大约80%的内容。但是掌握随后的主题，即他们将在第二学期处理的主题，取决于他们对第一学期课程内容的理解，所以这些学生必须完成第一学期的任务，然后才能继续。你可以想象，他们只能越来越落后。

那么，你如何解决这个问题呢？你如何管理处在课程不同位置的学生呢？作为一名科学课教师，我不能同时进行10个不同的实验。从组织管理上讲，我需要一种方法使我管理的事情范围更小。

答案比你想象的要简单得多。亚伦让我们查看我们的课程，并做出一些判断，哪些主题是必要的，哪些不是。在我们的课程中，第一学期的最后一个单元（“化学计量”）是整个化学课程中最重要的一个单元。鉴于此，我们重新安排了单元的顺序，这样第一学期的最后一个单元就不是必要的，也就是说，错过最后一个单元的学生仍然可以在这一年的剩余时间里取得成功。第一学期结束时最重要的单元变成了第二学期的第一个单元。

我们清楚地划分了我称之为基本目标和“学了也好”的目标之间的界限。因为我已经帮助了几乎每一个学科的教师走向精通式学习，我发现总是存在这两种目标。因此，看看你的每个单元，确定哪些目标是“学了也好”的，并将这些目标放在一个单元的最后。如果一些学生错过了一些“学了也好”的目标，这没什么大不了的。

我采访过的大多数专家都以类似的方式对待落后的学生。新加坡的经济学教授吉尔伯特・尼（Gilbert Ng）说，他把自己的任务“分成”重要和不重要的任务。伊利诺伊州的课程专家亚历克斯・瓦伦西奇（Alex Valencic）要求他指导的教师确定能力标准，并确保所有学生至少掌握这些标准。

作为一名教师，我的目标是让我的学生在大致相同的时间内大体上保持一致。我采用的方法帮助我做到了这一点，那就是接受一个事实，即一些学生没有掌握“学了也好”的目标。

这个解决方案可能会让你们中的一些人左右为难。你可能会觉得你在伤害那些没有学到你所教的所有东西的学生。这一点也困扰着我。但不管怎样，我宁愿我那些对知识掌握有困难的学生掌握80%的目标，也不愿他们学得比这80%还少得多。因为我们期望他们掌握100%的目标，然而他们在试图学习100%的目标时步履蹒跚。我还记得那些日子，我把一切都讲了，一些学生却落在了后面。我现在确切地知道那些学习吃力的学生知道什么，以及他们掌握了什么。

学生为什么落后

学生落后的问题可以说是精通式学习中最大的问题。我发现学生掉队有两个原因：

- 他们真的很难适应课程，需要额外的支持。
- 他们没有努力学习的动力。

我非常同情第一组学生。我会花更多的时间一对一地辅导他们，我也可能让他们跳过一些不必要的主题。

对于第二组，我只是做好教师的事情。我与学生沟通他们落后的情况，我与学校里其他可能提供帮助的人联系，我给他们的父母打电话，或者我努力找出什么能激励他们。最好的激励方法是让学生感受到关心和支持。学习吃力的学生会为一个关心他们的教师更加努力地学习。

有时候，像我一样，你会不经意地犯错，将学生错误归类。就在最近，我在和一个男孩打交道，一年来他一直落后。我看到他能力很强，但他似乎对任何事情都没有兴趣。然后我得知他的父母正在离婚，他正在照顾他的弟弟。“基本上，我就像他的爸爸。”他告诉我。这个学生也是我们学校橄榄球队的成员，他认为这是他逃离现实的一种方式。化学作业显然不是他优先考虑的事情。

当我理解他的困境时，我开始想办法在课堂上帮助他，减轻他的课外负担。现在我更聪明了，我决心用新的眼光看待每一个挣扎的学生，并试图理解他们为什么学习吃力。这往往和课程内容或者学生的能力无关。外部力量往往会侵入学习空间。

如何对待领先的学生

我发现有两类学生能够领先——我称之为“勾选框打钩者”（box checkers）和学习能力强的学生。

“抑制”勾选框打钩者

如果精通式学习有不好的一面，那就是有些学生试图快速完成。他们并不是真正理解内容，而是喜欢打钩。这些可能是最具挑战性的学生。在我班上符合这种描述的学生感到很沮丧：他们交了作业，我就把作业还给他们重做。他们感到很恼火，因为他们认为自己已经完成了任务。没错，他们确实做了作业，但他们做得不好，他们当然没有掌握内容。

有时候，给勾选框打钩者的勾选框打钩是件颇为诱人的事情。但是我不给它们打钩。我坚持要求学生清楚地解释一个主题或高质量完成任务。例如，一个学生在总结性评估中接近80分（我接受的最低分数），他希望我让他继续学习下一个主题。他说，“毕竟，我就快成功了”。但是我守住了阵线。他需要更多的学习，我相信他会证明掌握了目标。你越能坚持阵线，学生就越意识到课堂的目标是学习，而不是给勾选框打钩。尽管在我班上我并没有在这方面取得巨大的成功，但我确实相信，随着学年的进展，许多学生开始转变他们的思维。

为学习能力强的学生设置挑战

对于那些真正领先的学生，理想情况下，你应该设计拓展活动来挑战他们，并将拓展活动置于你的精通式学习量规中。当我第一次开始精通式学习时，我有一个非常聪明的学生。她好奇心极强，非常专注，不断向我要更多的活动。我尽可能快地创建了精通式学习单元，但我的精通式单元对她还不够快。

你知道我做了什么吗？我并不太担心。我只是告诉她，有活动的时候，我会安排更多的活动，除此之外，她可以在课堂上做其他事情。你知道她通常做什么吗？她会帮助她的同学。这是一个所有人都赢的局面。

如何调整课程进度

当学生（至少在理论上）按照自己的进度学习时，你如何调整课程进度？就我个人而言，我设定了每周基准，并明确传达给学生。例如，我在周一宣布，到本周结束时，每个人都必须完成目标6.3。然后，我监督学生，督促每个人掌握他们需要掌握的东西。

当我决定希望学生保持的学习进度时，我就是用前几年的教学规划日历作为指南。例如，过去的经验告诉我，学生将在10月1日之前完成第3单元，所以每周基准反映了这一进度。请注意，落后的学生可以跳过一些不重要的目标，这有助于让我的所有学生大致保持一致。

向需要更多指导的学生伸出援手

我有一个学生叫文斯，他患有严重的多动症。在何时以及如何学习上我允许他有很大的自由，但一开始并不是很好。这是因为当我开始上课并规定学生当天需要做什么时，成绩较好的学生往往是第一个来寻求帮助的，所以我先去找那些学生。然后，大约15分钟后，我才来到文斯那里，令我非常懊恼的是，在这段时间他通常什么都没做。

所以我修改了计划。我不会去找那些首先寻求帮助的学生。相反，我首先去找那些需要帮助的学生。我总是知道谁落后了，因为我跟踪他们在精通式学习量规上的掌握情况。我与这些学生见面，让他们告诉我他们认为在那堂课上他们需要做什么。他们通常不知道，所以我就简单地规划他们当天需要做什么。此外，我知道像文斯这样的学生在课堂上与某些学生合作时很容易分心，所以我要确保将他们都安排在他们最能专注于学习的合适地方。

对学生的学习动机保持好奇心

多年的教学经验告诉我一件事，不同的学生需要不同的动机才能成功。一些学生确实会对鼓励做出反应，而另一些学生更适合直截了当的方法。当我坚决果断的时候，我仍然可以建立起关系和信任，我相信那些需要更多指导的学生最终会意识到，我那样做是因为我在乎他们。

跟踪精通式学习进度

为了提高效率，你需要一种跟踪学生进步的方法。我为这本书采访的专家采用各种各样的方法。有些人，如尼基·科尼尔斯和艾米·布莱克威尔，自定义谷歌表单（Google Sheets）。还有些人比较老派，使用记录板夹和数据网格。这些方法没有对错之分。很大程度上这取决于你的教学情境、你对技术的熟悉程度以及你的学校能提供什么。

我曾尝试过许多技术工具来跟踪掌握情况，今年我决定采用一种混合法。我打印出一张空白的电子表格，然后当我在教室里巡回走动时，我检查学生掌握不同目标的情况。有这么多软件工具，我不断地搜索要勾选的框，所以我意识到，为了监督掌握情况，纸和笔对我来说更有效。

但我仍然使用技术，因此这是一个混合系统。每周五，我都会将纸质电子表格数字化，并为学生输入一个总结性分数。虽然这花费了我大约一个小时的时间，但它让我清楚地了解每个学生在他们的精通之旅中的位置，并让我知道下周每个学生需要做什么。

帮助谁，何时提供帮助

当你开始采用精通式学习进行教学时，你将面临的一个问题是决定帮助谁，以及什么时候提供帮助。一开始，我等着学生遇到麻烦，然后寻求帮助。结果怎么样？有些学生一直想要我注意他们。如果没有我直接参与，他们似乎什么也做不了。然后更多的学生开始了同样的模式。我很快发现我的学生排了很长的队，要么等待帮助，要么等待检查。而当学生排队的时候，他们并没有为掌握课程内容而工作。

我一直为一些学生提供太多的帮助。事实上，让学生独自为应对学习上的难题而挣扎，才是真正的学习。这和你锻炼身体没什么不同。如果你想在健康上有所改善，你需要给你的身体施加压力，让它超过舒适的程度。但是也要保持平衡，你不能超越身体所能承受的范围。

学习也没有什么不同。我们需要让学生适当地挣扎，而不是拯救他们。学会帮助谁，何时干预，与其说是一门科学，不如说是一门艺术。随着我逐渐了解每个学生，这越来越容易，但这仍是我在教学时间面临的最大的一个挑战。这里有两种方法可以提供帮助。

巧用杯子

当需要干预时，你如何避免浪费时间以及排队等待帮助的学生长龙？学学卡拉·约翰逊吧，她是得克萨斯州艾伦高中的教师。她的解决方案很巧妙，在每个学生工作站放置一套三个堆叠在一起的杯子。如果一个学生展示绿色杯子，这意味着这个学生进展顺利，不需要帮助。如果学生展示红色杯子，这意味着他们被卡住了，需要立即关注。如果学生展示黄色杯子，这意味着他们需要帮助，但并没有那么紧迫。这使卡拉能够快速检视教室，知道她应该到哪里进行干预。

将学生分组进行掌握程度检查

你一定记得，我经常使用微对话作为形成性检查。但这些微对话不是单独和某个学生进行，而是在掌握程度检查时和一组学生进行对话。因为大多数学生在大致相同的时间学习同样的东西，许多学生可能会一起前进。通常在上课开始的分流时间里，我会确定哪些学生已经准备好接受特定目标的检查。如果我有一组学生，理想情况下是三到四个，准备好接受相同目标的检查，我就组成一个即时小组，与他们进行微对话。小组人数不要太多，我可以与每个学生互动。如果小组人数再多一点，一些学生可能会主导谈话。

这种做法不仅节省时间，而且在教学上也是合理的。当掌握情况检查在小组环境中进行时，学生能听到同学如何研究学科问题，并从中受益。这在学生之间建立了友谊，也丰富了谈话内容。我让他们做的第一件事就是问我一个问题或发表有趣的评论。（我记得有个学生问我，动物是否能帮助地球科学家预测地震。他听说有些物种在地震前往往表现出奇怪的行为。我不知道答案，所以我查了一下。确实有一些科学家在研究利用动物行为来预测地震！）接下来，我会问他们一些关键问题，这些问题来自掌握程度跟踪表，是他们应该学习的核心内容。掌握程度检查带给我极大的满足感。这是我看到学生“恍然大悟”的时刻，这是他们的好奇心闪耀的地方，这也是我真正与他们建立积极关系的地方。

如何避免深陷批改作业工作

你曾经梦想过不用把作业带回家批改吗？你当然有。当亚伦·萨姆斯和我开发翻转学习模式时，我们意识到，我们没有花在教室前面讲课的所有时间都可以用来与学生互动——检查他们在做什么，他们理解得如何，以及我们和他们可能需要如何以不同的方式处理材料。换句话说，即时的形成性评价可以取代许多需要带回家批改作业的纸笔工作。虽然这并不能实现夜晚和周末无纸的梦想，但它仍然节省了大量的时间。

我的学生知道，要完成学习目标，他们必须带着掌握的证据来找我。这也是我给他们的作业"打分"的时候。例如，学生会带着他们的笔记、工作表和实验来找我，这些都证明他们已经掌握了特定的目标（基本问题）。我检查他们的工作表，并要求他们解释，例如，他们是如何做问题3的。如果他们给出了充分的答案，我就确信他们已经掌握了目标的这一部分。如果他们没有掌握目标，我会给他们具体的反馈，告诉他们需要做什么来掌握目标。

这种模式的一个优点是学生必须真正掌握内容。在精通式学习之前，我的典型工作流程是同时从所有学生那里收集相同的作业。然后我会给作业评分。在一个满分10分的作业中，一些学生会得到10分，另一些会得到8分，还有一些会得到4分。你知道我以前做什么吗？我只是把这些分数都记在成绩册上，然后继续教学。但只得4分的学生真的掌握了目标吗？不可能！现在，如果在掌握程度检查时学生交了一份4分试卷，我只需告诉学生回去修改。如果错误理解或错误想法是问题的根源，我会给学生适当的反馈，这样他们在下一次尝试中就会成功。

对我的数学相关课程（化学和物理）有帮助的一个策略是让学生只做每项作业的一半。他们选择完成偶数或奇数序号的问题。如果完成偶数序号问题的学生进行掌握检查时，我发现了一些学习差距，在提供一些补习措施后，我会要求他们再做几个奇数序号问题。这会让他们做足够的练习，帮助他们掌握课程内容。

如果你教授的课程不那么注重过程，这种方法也是有效的。我的地质课比物理课更具描述性。我在地质课上的掌握程度检查涉及更多的对话，例如，火山如何以及为什么爆发。此类对话也可以很容易地集中在不同的主题上，如第二次世界大战的原因及其对全球经济的影响。

一项有重要意义的研究支持当场给予反馈。库里克和库里克对53项关于反馈时间有效性的研究进行了元分析，发现即时反馈比延迟反馈更有效。因此，如果你需要节省时间，并希望采纳最佳实践做法，不要将作业带回家评分，在课堂上当着学生的面“评分”。需要明确的一点是，我还是会在课外时间给一些作业打分，比如大项目或者论文。但即便如此，我也会尽量给学生快速的反馈，以便他们可以及时改进。

如何进行团队教学

如果有什么方法可以让你和同事一起实施精通式学习，那就更好了。数学教师科里·沙利文和蒂姆·凯利组成团队进行教学。他们没有分开上课，而是把两个班合并在一起。通常，他们的教室有50个学生。他们中的一个通常是给作业评分并给出掌握程度检查的反馈，而另一个是回答问题并在教室里巡回走动。我认识的两个科学课教师的情况是，一位负责实验室，另一位负责教室辅导。

即使你们不能在同一个教室共同授课，与教授同一科目的另一位教师合作也有很多好处，包括以下几点：

- **它让你们分担工作量**。开设一门精通式课程要做大量的工作，有一个或多个合作伙伴将有助于课程规划、视频制作、创建评价和获取活动。
- **它允许你在自己的专业领域工作**。也许你们中的一个更擅长做辅导，另一个更擅长评估学生。也许你们中的一个更擅长制作视频，另一个更擅长创建评价。

- **向同事征求意见会使你成为一个更好的教师。**你们总是会讨论教授一个主题的最佳实践和最佳方法，这将改进你的教学。

- **学生将你们俩都视为“他们的教师”。**有些学生与一位教师的关系会比与另一位教师的关系更好。尽管如此，如果我们将所有学生都视为我们的学生，而不是我的学生，那么所有的学生都会受益。

最好的材料组织方式

将你掌握的所有精通式学习的材料组织成一条清晰的路径，让学生按部就班推进，这一点至关重要。他们需要了解他们需要掌握什么，但他们也需要一种简单的方法来访问所有你创建或精选的学习对象。有多种方法可以做到这一点。

在线组织材料

阿什赫斯特小学的教师混合使用Google Sites和Google Slides来组织他们的内容。他们将精通式学习分解为一系列学生必须完成的任务。例如，在艾玛·帕金森为小学生制作的数学课页面上，她在标题WALT下列出了当天的目标（“通过进行1、2、5等分，解除法问题”），WALT代表“我们今天学习的内容”（what We Are Learning Today）。艾玛在目标下嵌入了一个辅助视频，并提供链接，指向带有标记的练习任务。

混合法组织材料

化学和物理教师梅根·皮尔斯使用混合系统。她将内容添加到学习管理系统中，但是梅根不只是在网上发布内容。她让学生用笔记本记化学互动学习日志（Chemistry Interactive Learning Log 或简称ChILL）。得克萨斯州艾伦高中的李·弗格森（Lee Ferguson）提出了“ChILL日志”的想法。学生按照特定的指导原则创建这个科学笔记本，将他们的作品和准备好的三维剪切图附在页面上。梅根还让学生使用康奈尔笔记法在笔记本上为他们观看的视频做笔记，这是她在年初教给学生的。很多年前我用的是交互式笔记本。在与梅根交谈后，我又开始这样做了，并且对它如何帮助我的学生保持条理清晰感到满意。

我喜欢梅根的方法的另一点是，它采纳了一些研究成果的建议，即当学生在纸上做作业而不是使用数字资源时，他们学得更好。普林斯顿大学的研究人员对数字笔记和手写笔记进行了对比研究。他们的结论是手写笔记更好，他们写道：

> 当人们打字记笔记时，他们倾向于逐字记录，尽可能多地记下讲座内容……在我们的研究中，做手写笔记的学生被迫变得更有选择性——因为你不可能写得和打字一样快。他们对材料进行的额外加工使他们受益。

不管你如何组织你的内容，你都需要开发一个对你来说可行的系统，并且易于学生理解。我猜，如果你在疫情期间教过书，你会对如何组织数字资源有很好的想法。

“我不能从视频中学到东西”

几年前，我有三个学生认为他们不能从我的视频中学到东西。平心而论，他们在我的化学课上学得很吃力。所以我和他们达成协议。我告诉他们，如果他们观看视频并做笔记，我会在课堂上为他们作微讲座，来补充这项工作。我就是这么做的，几个学生都很成功。有时，如果其他人也在同一主题上挣扎，他们也会加入进来。这是精通式学习的一个美妙之处。因为我没有被束缚到全班教学上，我可以自由地满足每个学生的个人需求。

学生一直达不到标准怎么办

当我第一次开始精通式学习时，我注意到那些很吃力地通过总结性评价的学生会开始感到沮丧。他们认为标准太高了。如果这种情况发生在你的课堂上，考虑提供三种不同的总结性评价，让学生能够展示基本的、清晰的或深刻的理解。我不认为这会降低我的标准。关键是将标准设定在适当、高和更高的水平，然后确保为你的学生提供适当的辅助。

如果学生继续在总结性评价中挣扎，那就要考虑你提供反馈的质量。就我而言，我最初犯的错误是简单地让学生重看视频或重读书上的内容。正如我们之前提到的，用不同的方法来教授相同的目标是很重要的。

认可学生的成功

庆祝很有用。当学生达到一个里程碑时，认可学生的成功对形成学习和合作文化大有裨益。例如，在我班上，每当一个学生通过总结性评价时，我就敲锣。没错，锣。因为我在学生完成总结性评价后马上给他们打分，他们马上就知道自己已经通过了。有些学生甚至在午餐时来参加评估，当他们通过评估时，尽管房间里没有别人，他们也要求我敲锣。用敲锣来激励他们确实有一点傻。其他教师用更实在的奖励，比如贴纸。所有的学生，甚至是我18岁的学生，都喜欢知道他们做得很好。

让课堂游戏化

经济学教授吉尔伯特·尼将他的课堂进行游戏化。事实上，他不喜欢精通式（mastery）这个词，相反，他把他的课堂称为游戏化翻转学习（gamified flipped learning）。他发现，一个设计良好的游戏的许多元素也是精通式学习课堂的元素。给学生布置一项可能失败的挑战性任务，他们从失败中学习直到晋级。听起来熟悉吗?

许多教师要么将课堂游戏化，要么至少引入游戏化元素，来提高学生的参与度和成绩。我自己也曾尝试过这个，希望能做得更好。在与科学课教师尼基·科尼尔斯的一次谈话中，她向我展示了她的“排行榜”。排行榜是她贴在墙上的一个简单的电子表格，用来记录所有学生在课程目标上的进展。我想我应该试一试，所以我用一块白板来做同样的事情。白板配有一套磁铁来做标记。为了不公开姓名，每个学生都有一个独特的符号来代表他们。那块白板对我的许多学生的意义之大，令我震撼。在他们掌握了一项任务或目标后，他们会问我是否可以移动他们的标记。

我知道很多教师都在用Classcraft（www.classcraft.com）等软件来使他们的课堂游戏化。虽然我不会在这里深入探讨游戏化，但如果它引起了你的兴趣，请阅读马修·法伯（Matthew Farber）的《游戏化课堂》（*Gamify Your Classroom: A Field Guide to Game-Based Learning*）一书或迈克尔·马泰拉（Michael Matera）的《像海盗一样探索：游戏化和游戏启发的课程设计》（*Explore Like a Pirate: Gamification and Game-Inspired Course Design to Engage, Enrich, and Elevate Your Learners*）一书。

获得学生的认同

精通式学习对你的学生来说是新的。有效地解释这一新方法至关重要。我见过做得好的，也见过做得差的。在后一种情况下，我听到教师这样说：“我要尝试一种新方法，看看它是否有效。”本质上，你是在告诉你的学生，你要在他们身上做实验，你不确定你做的是否正确。因此你如何解释精通式学习会让情况大不相同。

对我来说，这从开学第一天就开始了。我不详细讲解教学大纲。相反，我利用这段时间来激发学生的想象力和好奇心。我还确保他们可以访问学校的学习管理系统，以及我制作的关于精通式学习的视频。他们的任务是放学回家后观看视频。我把第二天的课堂时间留给了学生提出疑问并讨论为什么精通式学习对他们如此有益。我还讨论了课程将如何运作：我解释了精通式学习周期、精通式学习量规以及评估如何运作。最后，参加去年课程的学生发表意见，分享如何在精通式课程中取得成功。每年5月，我都会让学生给下一年的学生提建议，让学生和他们的同学交谈。我发现学生更容易接受同学的建议，而不是我的建议。

学生最常向我确认的一件事是总结性评价是可以多次进行的，这让他们非常惊讶。在每一个班，都有一个学生会问："伯格曼先生，您的意思是，如果我们考试不及格，我们可以再考一次？""是的，"我回答，"我关心的是你学会了，而不是你什么时候学会的。"起初，他们不相信我，但在第一次总结性评价之后，他们就渐入佳境。学生还会询问评分程序，一些组织管理问题，然后我们的比赛就开始了。

获得父母的认同

与父母有效沟通精通式学习也很重要。就像我为学生做的那样，我也为学生的父母制作了一个介绍性视频。在视频中，我解释了为什么精通式学习是一种更好的方法。我问他们是否曾经上过这样的课：教师在教室前面喋喋不休，而他们却一头雾水。我还问他们是否曾经疯狂地做笔记，却发现等他们把注意力重新转回教师身上，教师却已经在讲下一个部分了。我解释说，这种情况永远不会发生在我的课堂上，他们的孩子能学会，并取得成功。我甚至给他们看了布鲁姆教育目标分类法的图片，并解释说学生将在课堂上做困难的事情，在独立空间里做简单的事情。

我做的这段视频没有术语，并努力向父母和监护人传达一个信息，即这种方法将如何使他们的孩子和他们自己都受益。例如，他们不需要聘请家庭教师，也不需要被迫不断地帮助孩子解决难题。我会指出，他们几十年前都学过代数，但他们很可能不想花时间重新学习代数，就为了再教给他们的孩子。我还分享了一些关于精通式学习的研究，强调这种方法是有效的，我没有在他们的孩子身上做实验。

我把这段视频当作我们开学初的家长会的准备工作，也就是说，父母和监护人提前观看。我利用这个家长会的时间回答问题。

获得管理者的认同

获得管理者的认可应该不是什么大问题——我希望是这样。在我的咨询实践中，与我合作过的每一位管理者都相信基于证据的学习，并且理解精通式学习是有可靠的研究支持的。精通式学习是想让所有学生都掌握课程，这一点很难反驳。但现实情况是，“我们以前从未这样做过”的心态可能是大多数管理者的默认想法。与获得学生和家长的认同一样，关键是有效的沟通。

想一想：你的管理者最关心的是什么？我猜他们不想接到愤怒的家长打来的电话，说教师“不再教课了”。所以，和你的校长安排一次会面，解释精通式学习系统。告诉他们你为什么这么做，并强调这不仅会让你的学生受益，而且最终也会让学校受益。听取他们的反馈，必要时做些改进。当亚伦·萨姆斯和我开始翻转—精通式学习时，我们经常坐在校长办公室里进行头脑风暴。校长真的帮助我们发现并解决了一些组织管理问题，特别是在评价方面。

就在我写这本书的时候，我看到我们校长发来了一封电子邮件，内容是关于和他安排一次会面。他知道我一直在写这本书，在最近给他的一封电子邮件中，我提到我已经确定了明年想尝试的一些新做法。我想这又敲响了警钟，他想和我坐下来谈谈，听听这些变化。他非常支持我们，他只是想简单地了解这些变化，这样他就可以在父母对这种方法有疑问时有效地与他们进行沟通。

一路走来获得更多帮助

你可能还记得来自芬兰的玛丽卡·托伊沃拉，她分享了她在精通式学习方面的一个目标，那就是让每个学生都达到他们失败的水平。在达到“临界点”之前，他们不会知道自己的掌握水平。尽管我在本章中试图预测你在实施精通式学习时可能会遇到的所有问题，但毫无疑问，你可能会遇到我没有提到的其他“临界点”。为此，我在我的网站上创建了一个帮助论坛。只需访问JonBergmann.com/community，并注册免费社区。在那里，你可以与其他精通式学习的教师互动，并获得同行的帮助。

Conclusion

结语

你可能已经注意到，本书引用的大部分研究都是在20世纪70年代和80年代进行的。尽管精通式学习当时备受关注，但由于各种原因，它最终失去了人们的青睐。

- 学校还没有转移直接教学时间的技术工具。
- 没有随机评价技术。
- 为了掌握（精通）目标而设计、实施课程并进行教学更具挑战性。

本书是关于如何实施精通式学习的完整手册。我们已经探讨了如何利用技术来转移教学时间和创建评价。但我们如何应对精通式学习的教学更具挑战性的现实呢？为了回答这个问题，让我们先看一下医学领域。

麻醉和杀菌剂：教育变革的隐喻

我想给你们讲一个故事，是关于19世纪后期医学中的两个主要问题。我第一次听到这个故事是从哈佛大学物理学教授埃里克·马祖尔那里。后来，我自己研究了这个话题，发现这是对21世纪教育状况的完美隐喻。

第一个问题是手术极其痛苦。医生们学会了如何快速地做手术，因为当病人在手术台上痛苦地扭动时，护士需要按住他们。1846年，牙医威廉·莫顿（William Morton）发现，在拔牙时，他可以用乙醚和一些其他气体的混合物使病人入睡。他带着这个发现去找了波士顿的外科医生亨利·雅各布·毕格罗（Henry Jacob Bigelow）。1846年10月16日，他们两人对詹姆斯·维纳布尔（James Venable）实施了麻醉，为了切除他颈部的一个囊肿。这样他们就可以慢慢做手术，整个过程中维纳布尔都在睡觉。

莫顿和毕格罗意识到他们无意中有了一个重大发现。四周后，毕格罗在《波士顿医学和外科杂志》（*Boston Medical and Surgical Journal*）上发表了一篇文章，分享他的研究结果，尽管他没有分享气体的成分，因为他正在申请专利。然而，他确实在文章中提到，这种气体有乙醚的气味。这些信息就足以让其他外科医生继续探索，在三个月内，几乎所有欧洲首都的外科医生都使用了麻醉。七年后，麻醉成为全球的标准做法。

几乎与此同时，还有另一个祸患使外科手术风险极高：败血症，一种发生在手术过程中的感染。败血症非常痛苦，而且常常是致命的。

19世纪60年代，爱丁堡外科医生约瑟夫·李斯特（Joseph Lister）正在研究路易斯·巴斯德（Louis Pasteur）的发现，他的发现表明腐坏和发酵是微生物的结果。李斯特推测败血症是由感染病人的微生物引起的。他试验在手术前用苯酚清洗双手和伤口。结果令人震惊：他的病人发生败血症和死亡的概率明显降低。1867年，他在著名的医学杂志《柳叶刀》（*The Lancet*）上报告了他的研究结果。你可能会认为李斯特的发现会像毕格罗和莫顿的工作一样迅速传播开来，但事实并非如此。用了40年的时间，杀菌剂才成为世界各地外科中心的标准做法。为什么？

在《纽约客》（*The New Yorker*）2013年的一篇文章中，阿图尔·加万德（Atul Gawande）分析了麻醉和杀菌剂被采用的速度，并指出了一些明显的差异。麻醉产生了立竿见影的效果：病人没有在手术台上痛苦地扭动，而是睡着了。这一变化也改善了外科手术的条件：给一个熟睡的病人做手术要比给一个完全清醒的病人做手术容易得多。

在使用杀菌剂的案例中，外科医生没有看到立竿见影的效果。由于感染通常发生在手术后一到两周，外科医生通常不会看到不作为的负面后果。此外，外科医生一个接一个地进行手术。当时，他们认为穿着带血的工作服是一种荣誉，这表明他们的治疗工作非常忙碌。清洗器械、伤口和双手，以及在手术间隙穿上新的手术衣，无疑会让外科医生的工作更加复杂。

我为什么给你讲这个故事？因为有两种变化：快速变化，它能产生立竿见影的效果；缓慢变化，它的效果需要更长的时间才能显现。

想想过去35年来教育领域发生的变化。在我职业生涯的早期，我记得教师们会把考试分数低归咎于学生懒惰。尽管现在这种情况仍会发生，但许多教师认为，如果他们的学生没有学会课程内容，他们需要找到另一种方法来帮助学生学习。我们过去常常把成绩记录在实际的成绩簿上；现在，我们无法想象除了电子方式，还能以任何其他方式输入成绩。

或者，像我的大学化学教授这样的教师又如何呢？他们接受自己班级的低及格率，“淘汰”那些应付不了的学生。这种态度在很大程度上已经消失了。那么，社交情感学习的重要性呢？世界各地的学校都意识到，如果我们不照顾学生的社交和情感需求，他们就不会学得很好。又或者我们过去认为教学必须要求教师和学生面对面进行，这又怎么样了呢？好吧，疫情无疑在眨眼之间改变了这一切！

那么，精通式学习出现了什么样的变化呢？显然，这是缓慢变化。为精通（掌握）而教，不会让你的教学马上变得容易。这将是大量的工作，你将不得不重新思考和改造你所有的单元、课程和评估。你需要至少用精通式学习进行一年教学，才能达到任何一种最佳状态。在第一年，你班级的学生甚至可能得到更低的考试分数，所以你不会看到立竿见影的效果。这将需要长期的投入。在一个我们喜欢即时性并认为成功有捷径的世界里，长期投入是很难的。

从被动学习到主动学习，从传统学习到精通式学习，这种转变需要投入和努力。但随着时间的推移，你会看到结果。而一旦你做了，你就再也回不去了。

风物长宜放眼量

你也会有一些学生拒绝精通式学习，因为他们以前从未以这种方式学习过。父母可能会尖锐地问你："为什么你不教课？"同事可能会批评你，因为你在做一些与众不同的事情。你可能会遭到不理解你在做什么的管理者的反对。

但我请求你坚持下去，因为精通式学习是有效的。从长远来看，你将看到学生的分数上升；你将看到学生更加投入；你将和你的学生有更多的交流；你将改变他们许多人的生活，你将对教学更加满意；你将重新发现你对教学的热情，你将成为更加专业的教师，每天尽你所能为每一位学生服务。

你准备好迎接挑战了吗？你愿意成为第一批为病人彻底清洁器械的外科医生吗？你是否准备好致力于精通式学习，因为它可以帮助所有的学生获得并接受良好的教育？

我知道这本书对你的要求很多。事实证明，它对我的要求也很多。由于与专家交谈，为这本书做研究，我现在看到我必须重做我精通式课程的大部分内容；我必须和我的管理者会面，讨论我将如何以不同的方式进行评估；我不得不回去重新制作我的许多视频，因为我没有把关键问题放进去；我还想在精通式学习量规的基础上创建新的评价；我还需要向学生家长做出解释，因为这对我的学生有极大的好处。

现在是开展精通式学习的时候了。你可以慢慢实施，从一个单元或一节课开始，为成功做好准备。我向你致敬，感谢你开启了这场伟大而有益的探险之旅。现在就去做吧！

Afterword

译后记

精通式学习（或称“为掌握而学习”，又称“基于掌握的学习”）是本杰明·布鲁姆于1968年首次提出的一种教学策略和教育哲学。虽然这个理念获得了广大教育工作者和研究者的广泛认同，但由于技术和管理上的局限，几十年来精通式教学的推广并不尽如人意。随着互联网支撑下的教育信息化的普及，人工智能大数据技术的进步，“翻转课堂”与慕课教学的深入人心，教育技术和教学管理的问题迎刃而解。

译者在开展河北师范大学教学改革研究项目“法律英语专业本科核心课程群建设与实践”的研究时，对本书进行了研读。本书为项目的开展和推进带来了思想的变革，为教学改革带来了新的视角和挑战，随着译者将这一方法和理念慢慢应用在教学中，学生和老师的教学状态都发生了可观的变化。

在精通式学习中，教学的核心是人际关系。精通式学习让老师有更多的时间与学生互动，及时探知学生的认知和情感需求。译者亲身体验，并发现在这个不断变化的时代，精通式学习是如何让不同层次的学生都能达到既定目标的。这也正是译者将这本译著推荐给一线教师的原因。

在精通式学习中，教学应关注不同学生学习相同内容并达到相同熟练程度所需的不同时间。这与经典的教育模式形成鲜明对比，经典的教育模式虽然也承认学生能力的差异，但为所有学生提供大致相同的学习时间和相同的教学。

作者结合自己多年积累的实际教学案例，还原多个真实教学场景，引导教师在自己的课堂一步步实施精通式教学。

精通式学习的教学模式改变了传统的、以教师单向传授知识为主导的课堂，倡导以学生为中心，聚焦每一个需要帮助的学生。教师与学生的对话大幅增加了，学生的课堂表现改善了，学生学习的积极性和主动性提升了，课堂真正变成了每个学生都享受学习的乐园和天堂。实施精通式学习更贴近教学目标，能更好地培养学生的思维能力和创新能力。在协作共赢的和谐氛围中，学生可直接获取知识，教师更加关注学生获取知识的效果和能力。

译者相信，作为一种顺应时代的新兴教学模式，精通式学习将会慢慢改变教育的面貌。期待广大教师也在实践中体验到精通式学习的妙处，感受到教学的乐趣。

感谢从事岗位教育多年的王素君博士审校书稿。感谢我女儿就读于东北财经大学的王子卓同学作为第一个读者，坦率地提出修改意见，使我直面自己的语言疏漏，不断完善，尽力而为。感谢中国青年出版社在引进版权和书稿编辑中给予的指导帮助和辛苦付出！

翻译是遗憾的艺术，没有最好，只有更好。译本中肯定还有很多不足之处，希望各位专家、读者批评指正。

河北师范大学外国语学院

段文静　2023年9月25日